Klaus-Jürgen Grosse

# Schwarzwälder
# Bergvesperstuben

GROSSE VERLAG
SEIT 1989

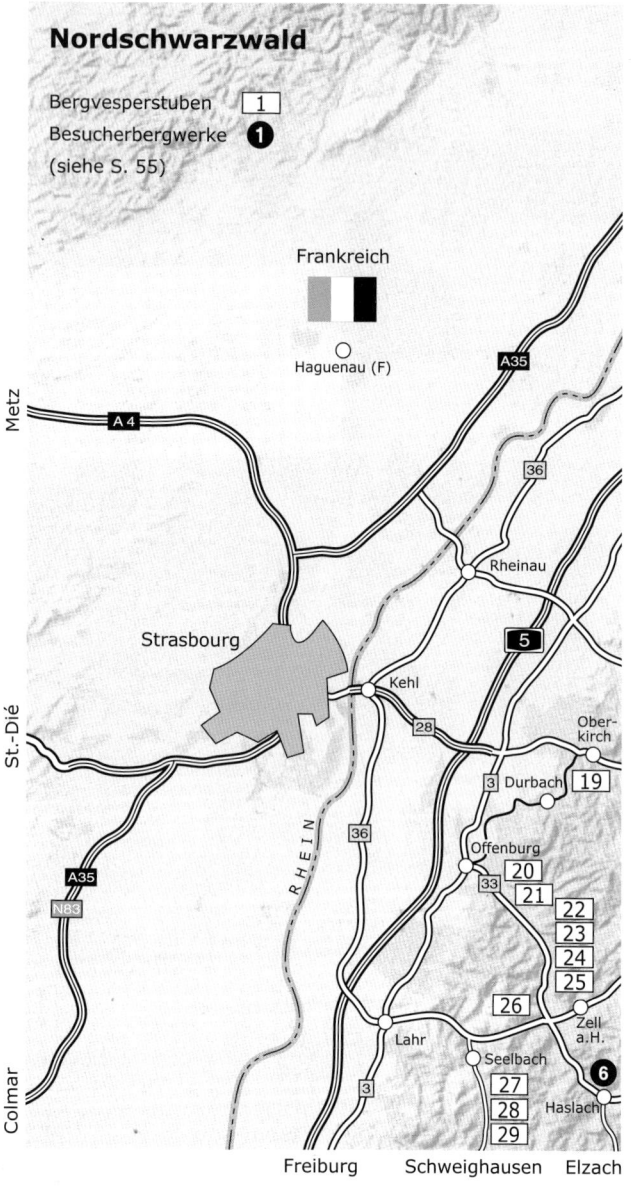

# Nordschwarzwald

Bergvesperstuben $\boxed{1}$

Besucherbergwerke ❶

(siehe S. 55)

Frankreich

○
Haguenau (F)

Metz

A 4

St.-Dié

Strasbourg

Rheinau

5

Kehl

28

Ober-
kirch

3 Durbach $\boxed{19}$

Offenburg

A35

N83

36

33

$\boxed{20}$

$\boxed{21}$

$\boxed{22}$
$\boxed{23}$
$\boxed{24}$
$\boxed{25}$

$\boxed{26}$

Zell
a.H.

Colmar

Lahr

Seelbach

❻

3

$\boxed{27}$

$\boxed{28}$
$\boxed{29}$

Haslach

Freiburg    Schweighausen    Elzach

RHEIN

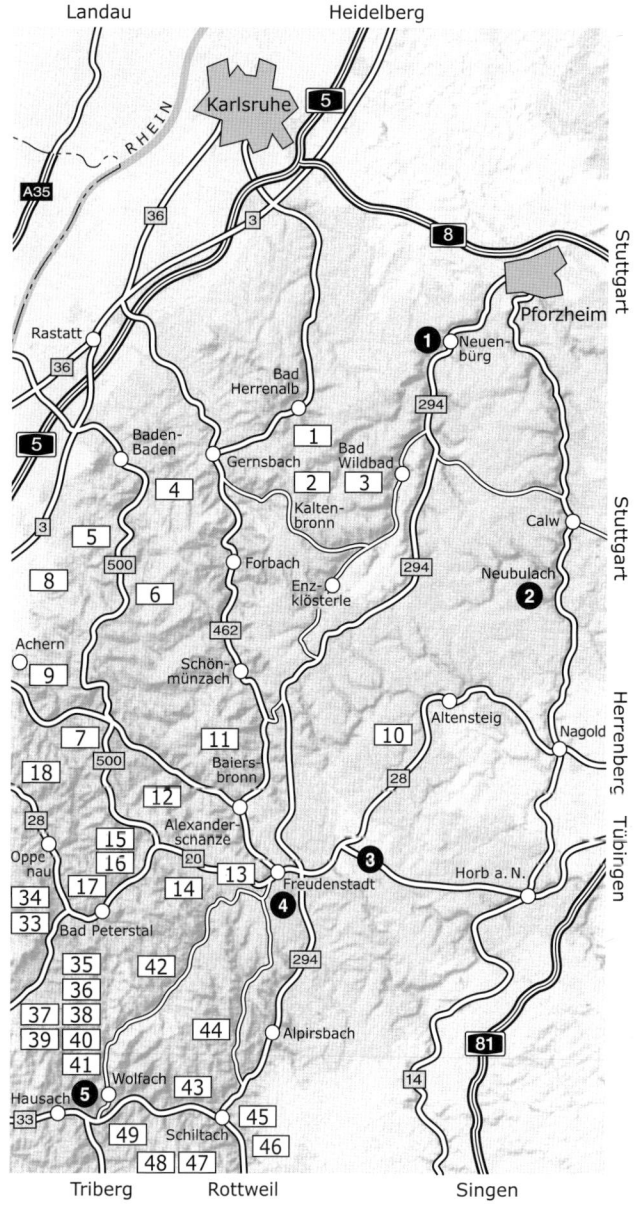

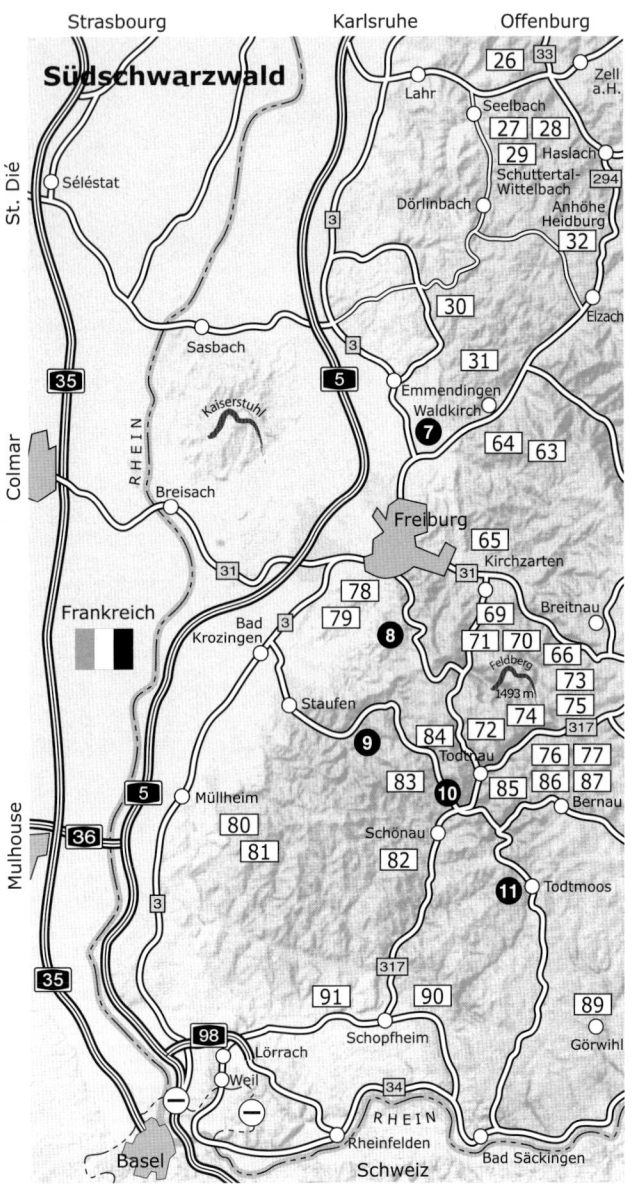

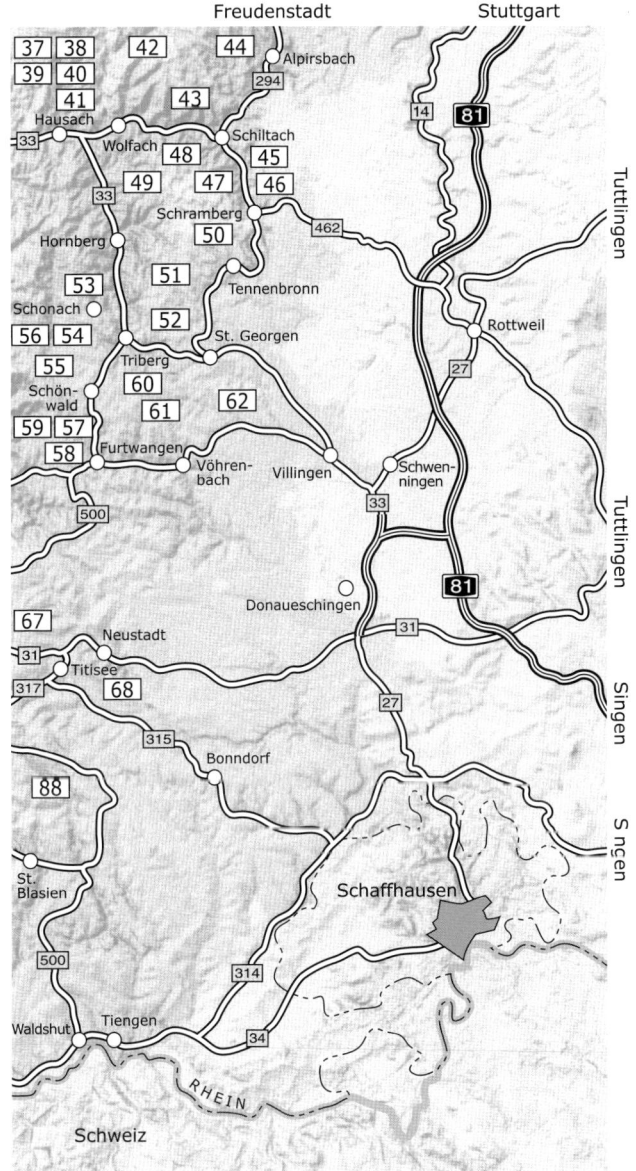

Dieses Buch ist mit aller Sorgfalt geschrieben und zusammengestellt worden. Dennoch müssen alle Angaben ohne Gewähr erfolgen. Zwischenzeitliche Änderungen sind nicht auszuschließen.
Das Werk einschließlich aller seiner Teile ist urheberrechtlich geschützt. Nachdruck, auch nur auszugsweise, ist nur mit Genehmigung des Verlages gestattet. Dies gilt insbesondere für Vervielfältigungen, Übersetzungen, Mikroverfilmung und die Einspeicherung und Verarbeitung in elektronische Systeme.

13. aktualisierte Auflage 2013
© 1989 Grosse Verlag
D-79312 Emmendingen    Heinrich-Heine-Straße 11
☎ 07641 / 41 66 37    E-Fax 03222 370 58 13
M@il: grosseverlag@t-online.de

Layout und Satz: Vera Stelz, 79312 Emmendingen
Kartengestaltung: Margrit Schäfer, 79254 Oberried
Druck: Habé Offset GmbH, 79312 Emmendingen

ISBN  978-3-934793-14-9

# Inhaltsverzeichnis

# Kartenempfehlung

### Rad- und Freizeitkarte
### Nördlicher Schwarzwald 1:75.000

ISBN-Nr.: 9783933671790  Preis 6.60 €

Von Karlsruhe im Norden bis Freudenstadt im Süden
Von Strasbourg im Westen bis Rottenburg im Osten

< Schwarzwälder Bergvesperstuben
< Rad- und Wanderwege
< Sehenswürdigkeiten
< Register
< Freizeit- und Sehenswürdigkeitenregister
< Erzeugerbauernhöfe
< Naturpark-Infos
< City: Karlsruhe

### Rad- und Freizeitkarte
### Mittlerer Schwarzwald 1:75.000

ISBN-Nr.: 9783933671691  Preis 6.60 €

Von Offenburg im Norden bis Donaueschingen im Süden
Von Breisach im Westen bis Balingen im Osten

< Schwarzwälder Bergvesperstuben
< Rad- und Wanderwege
< Freizeiteinrichtungen
< Sehenswürdigkeiten
< Register, Regionalverkehr
< Naturpark-Infos

### Rad- und Freizeitkarte
### Südlicher Schwarzwald 1:75.000

ISBN-Nr.: 9783933671592  Preis 7.50 €

Von Triberg im Norden bis Bad Säckingen im Süden
Von Breisach im Westen bis Tuttlingen im Osten

< Winzer- und Vesperstuben
< Straußwirtschaften
< Schwarzwälder Bergvesperstuben
< Rad- und Wanderwege
< Freizeiteinrichtungen
< Sehenswürdigkeiten
< Register, Regionalverkehr
< Freizeit- und Sehenswürdigkeitenregister
< Erzeugerbauernhöfe
< City Freiburg, Naturpark-Infos

## Im Buchhandel erhältlich

# Vorwort

Liebe Leserin, lieber Leser,

nur selten finden wir in unserer schnelllebigen Zeit noch Momente, in denen man inne hält und sich auf das Wesentliche besinnt. Doch diese Momente sind kostbar und spenden Kraft für Neues.
In diesem Jahr erscheint das Taschenbuch SCHWARZWÄLDER BERG-VESPERSTUBEN seit 1989 in der 13. Auflage und ich denke, dies ist eine gute Gelegenheit danke zu sagen für den großen Verkaufserfolg.

Nach der Durchsicht vergangener Auflagen stellen Sie fest, dass einige Vesperstuben nicht mehr dabei sind oder neue gänzlich fehlen. Der Grund: Altkunden wollten nicht mehr mitmachen und Neukunden zeigten kein Interesse an der kostenpflichtigen Eintragung.

Der Begriff Bergvesperstube ist als Synonym für Berggasthaus, Berggaststätte und Restaurant gewählt.

Alle aufgeführten Schwarzwälder Bergvesperstuben wurden von mir recherchiert.

Ich wünsche wie immer viel Freude beim Lesen und Reisen.

Juli 2013

Klaus-Jürgen Grosse
Autor und Verleger

# Alphabetisches Register

# Alphabetisches Register

$$-ABC-$$

# Öffnungstage

# Öffnungstage

# Öffnungstage

# Öffnungstage

# Öffnungstage

**SAMSTAG**
haben alle geöffnet, bis auf

**SONN- UND FEIERTAGE**
haben alle geöffnet.

# Geöffnet nur in den Monaten

 ## Übernachtung möglich

 ## Ferienwohnung

# Höhenlage

**Bis 1.450 m**

| | |
|---|---|
| St. Wilhelmer Hütte | 1.423 m |
| Herzogenhorn | 1.335 m |
| Krunkelbachhütte | 1.294 m |
| Stübenwasen | 1.270 m |
| Zastler Hütte | 1.262 m |

**Bis 1.250 m**

| | |
|---|---|
| Gisiboden | 1.250 m |
| Menzenschwander Hütte | 1.219 m |
| Hochfirst | 1.190 m |
| Schwedenschanze Zur | 1.145 m |
| Knöpflesbrunnen | 1.124 m |
| Martinskapelle | 1.111 m |
| Raimartihof | 1.108 m |
| Erlenbacher Hütte | 1.100 m |
| Stollenbacher Hütte | 1.092 m |
| Stöcklewaldturm | 1.069 m |
| Berghäusle - Neustadt | 1.050 m |
| Ochsenstall | 1.036 m |
| Präger Böden | 1.025 m |
| Breghäusle | 1.006 m |
| Silberberg | 1.005 m |

**Bis 1.000 m**

| | |
|---|---|
| Plattenhof | 985 m |
| Höfener Hütte | 980 m |
| Kälbelescheuer | 976 m |
| Unterkrummenhof | 950 m |
| Bergwaldhof | 947 m |
| Brandenkopf | 945 m |
| Jägerstüble - Hornberg | 945 m |
| Reinertonishof | 940 m |
| Deutschen Jäger Zum | 928 m |
| Fischerhütte | 915 m |
| Teufelsmühle | 907 m |
| Breitbrunnen | 890 m |
| Staude Zur | 889 m |
| Waldhäusle | 865 m |
| Auerhahn Zum (Rollsbach) | 850 m |
| Grünhütte | 839 m |
| Linde Zur (Napf) | 828 m |
| Auerhahn (Tennenbronn) | 825 m |
| Bosenstein Stüble | 810 m |
| Bergstüble - Kirnach | 792 m |
| Eichrüttehof | 780 m |
| Sommerecke NFH | 778 m |
| Kohlerhof | 760 m |

1.248 m

# Höhenlage

## Bis 750 m

| | |
|---|---|
| Waldcafe im Teuchelwald | 740 m |
| Schmalzerhisli | 739 m |
| Harzhäusle | 725 m |
| Durben Vesperstube | 710 m |
| Schweighof | 705 m |
| Harkhof | 700 m |
| Benzenhof | 700 m |
| Hirtenbrunnen | 690 m |
| Hinterholz Stube | 685 m |
| Kohlbergwiese | 680 m |
| Scherrhof | 667 m |
| Wuspenhof | 660 m |
| Breitenberg Zum | 650 m |
| Herbstwasen | 650 m |
| Hagenbergstüble | 640 m |
| Fischerstüble | 625 m |
| Alte Tränke | 620 m |
| Braunbergstüble | 600 m |
| Schwarzwaldstube | 600 m |
| Biereck - Rössle | 598 m |
| Langenberg | 590 m |
| Plotzsägmühle | 585 m |
| Schwenkenhof | 580 m |
| Käppelehof | 550 m |
| Seidtenhof | 550 m |
| Waldsteinschänke | 534 m |
| Glashütte | 520 m |
| Zinsbachstube | 520 m |
| Brandeck-Lindle | 518 m |

## Bis 500 m

| | |
|---|---|
| Sodhof | 500 m |
| Bergbauernhof | 470 m |
| Jägerstüble - Oberharmersb. | 460 m |
| Bächle-Hof | 460 m |
| Pflingsthof | 460 m |
| Gscheid | 456 m |
| Martinshof | 450 m |
| Lieberatsberg Stuben | 450 m |
| Hirschen – Schillighof | 440 m |
| Faller Wald-Café | 435 m |
| Vesperstube Beck | 425 m |
| Hummelswälder Hof | 390 m |
| Blust Vesperstube | 355 m |
| Martinsteinhiesli | 336 m |
| Zapf's Vesperhäusle | 250 m |
| Lenzlisberg | 245 m |
| Müller's Mühle | 240 m |
| Reiterhofstube Schwarz | 235 m |
| Bischoff's Ruh | 204 m |

# Zeichenerklärung

Nr. des Berggasthauses

Öffnungszeiten     Warme Küche
Spezialitäten

Übernachtungs-
möglichkeit     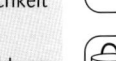 Ferienwohnung

Direktvermarktung     www.   Internet
@   email
Hws.   Hinweisschild

Zufahrt     Gartenwirtschaft

Wandertipp      Kinderspielplatz

Zusatz-Info      Aussichtsturm

 Seite der Anschlusskarte

 Bundesstraße

 Landstraße

 Zufahrt

 Wanderweg

 Westweg

Mittelweg

# Das Vesper ...

Eigentlich heisst es ja „die" Vesper. Damit ist eine kleine Zwischen-
mahlzeit am Nachmittag oder Abend gemeint. Dennoch ist es hier-
zulande etwas völlig Normales zu jeder Tageszeit, auch am Morgen, zu
vespern. Deshalb heißt es eben zeitungebunden „das" Vesper. Eines ist
jedoch unmöglich: etwas Warmes zum Vesper.
Was gehört nun eigentlich zu einer zünftigen, echten VESPER?
Als erstes ein Brettle und ein scharfes Messer ohne Sägeschliff. Speck,
eine dicke Scheibe Schwarzwurst (Blut- oder Rotwurst genannt),
Leberwurst, Brot und als Höhepunkt Rahmkäse. Der Speck, sollte er
hausgemacht sein, ist durchwachsen, hat eine dunkelrote Farbe und
einen leichten Salzüberzug. Zu einer echten Speckvesper gehört aber
auch ein Schnäpschen.

Wollgrasblüte im Juni am
Hohlohmoorsee auf dem
Kaltenbronn bei Gernsbach

 **Plotzsägmühle**  585 m

76332  Bad Herrenalb - Zieflensberg
Mobil:  0162 / 770 20 22                    www.plotzsaegmuehl.de

 Öffnungszeiten ganzjährig telef. erfragen
bzw. über Internet

 Täglich wechselndes Tagesessen

 Von Gernsbach fahren Sie in Richtung Bad Herrenalb. 2 km hinter
Loffenau sehen Sie an der rechten Straßenseite ein Hinweisschild zur Teufelsmühle. Hier biegen Sie rechts ab und fahren bis zur Anhöhe (Wanderparkplatz). Sie überqueren die Anhöhe, fahren den Berg hinunter und
erreichen nach 2 km die in einer Talmulde gelegene Bergwirtschaft Plotzsägmühle. Siehe Skizze, rechte Seite.

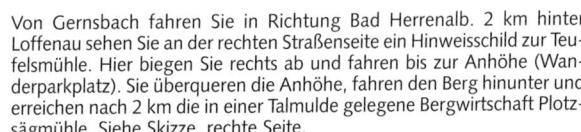 **WOHER DIE PLOTZSÄGE IHREN NAMEN HAT?**
Die Holz-Nockenwelle ergab bei einer Wasserradumdrehung zwei
Sägehübe. Das weithin hörbare Plotzen oder Klopfen (herunterfallen des
Sägerahmen) gab den Sägen den Namen Klopf- oder Plotzsäge.

Das kleine Privatmuseum in der Plotzsägmühle kann nur nach Absprache
mit dem Besitzer Manfred Kübler besichtigt werden.

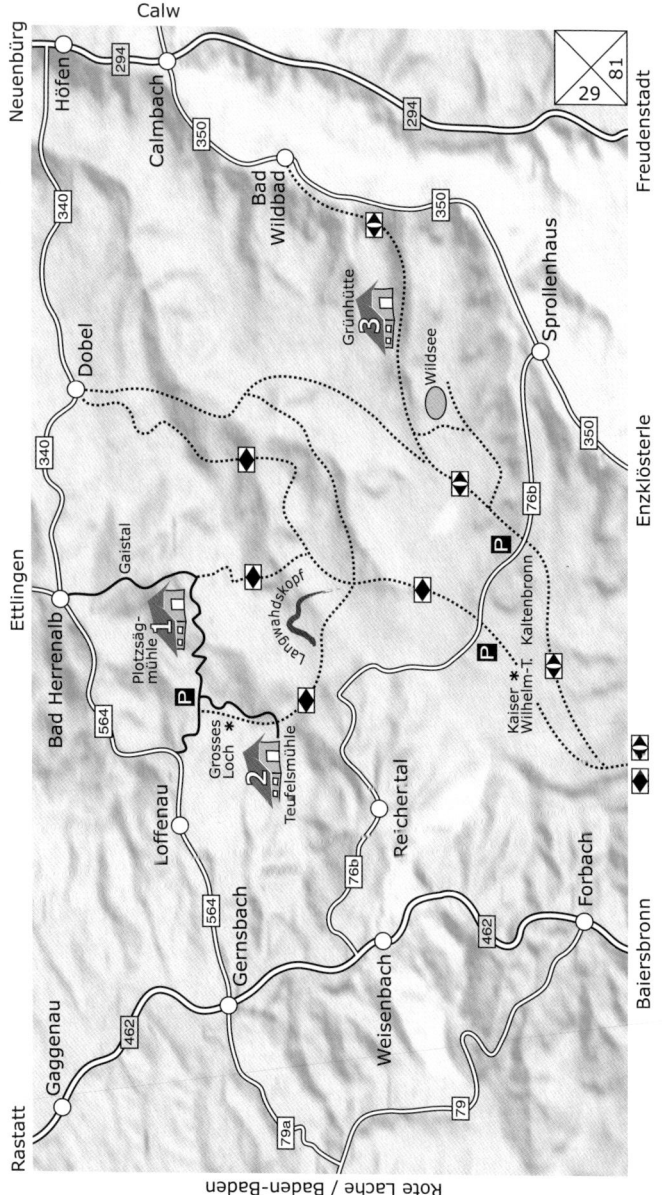

# Teufelsmühle 907 m

76597 Loffenau
☎ 07083 / 83 02
Fax: 07083 / 52 51 09

www.teufelsmuehle.com

Ruhetag: Montag und Dienstag (an Feiertage offen)
Täglich ab 11 Uhr geöffnet

Durchgehend warme Küche
Regionale Gerichte

Von Gernsbach in Richtung Bad Herrenalb. 2 km hinter Loffenau, am Ende einer Linkskurve, fahren Sie am Hws. TEUFELSMÜHLE rechts ab und weiter bergwärts bis zum Wanderparkplatz - Rißwasenhütte - auf der Anhöhe. Hier fahren Sie rechts den Berg hinauf und erreichen nach 3 km die Bergwirtschaft Teufelsmühle. Siehe Skizze, S. 25.

1 FeWo: 2 Schlafzimmer, Küche, Bad, Dusche, WC und TV

**GROSSES LOCH - TEUFELSKAMMERN IN DER FELSENSCHLUCHT**
Ab Wanderparkplatz - Rißwasenhütte - gehen Sie auf dem Fahrsträßchen bergauf. Nach ca. 300 m (Wegmarkierung) gehen Sie rechts ab und weiter auf leicht ansteigendem Weg bis zum Felsenpfad. Auf dem Felsenpfad sehen Sie nach 3 Wegkehren, links oben am Hang, die Teufelskammern. Achtung: Bei Regen und feuchtem Klima (Quellgebiet) Rutschgefahr.

Das Große Loch, auch Teufelsloch genannt ist ein tiefer Quelltrichter des Laufbaches, dieser entspringt am Nordhang des 891 m hohen Grenzertkopfes. Es handelt sich hierbei um eine an die 14 m breite, 2 m hohe und zwischen 3 und 4 m tiefe Höhlung im unteren Geröllhorizont. Das stabile „Dach" der Teufelskammern ruht auf zwei natürlichen Sandsteinpfeilern.

# Grünhütte 839 m

75323 Bad Wildbad
☎ 07081 / 86 27

www.gruenhuette.de

Kein Ruhetag, täglich ab 10 Uhr geöffnet
<u>Betriebsferien</u>: Ende der Herbstferien (BaWü)
bis 4. Advent geschlossen

Durchgehend warme Küche: Tagesgericht, Pfannekuchen,
schwäbische Maultaschen, Schlachtplatte, Blaubeerkuchen

**Bad Wildbad** - Mit der Bergbahn auf den Sommerberg. Von der Bergstation (720 m) erreicht man nach wenigen Minuten die Rodelhütte und kurz darauf den Skihang. Vorbei geht es an den „Fünf Bäumen"und weiter auf dem „Mittelweg"gemächlich durch einen Hochwald in 1 1/4 Stunden (5 km) zur Grünhütte 840 m, einer ehemaligen Holzhauersiedlung, Siehe Skizze, Seite 25.

**Kaltenbronn** - Ab Wanderparkplatz [PF] gehen Sie am Ende auf dem breiten Forstweg am Wildgehege und der folgenden Abzweigung (links, neue Wegführung) vorbei und an der Mannsloh - Redoute (aus dem spanischen Erbfolgekrieg im 18. Jahrhundert) bis zur großen Wegkreuzung (links Leonhard Hütte). Hier an der Wegkreuzung rechts Hws. WILDSEE und nach ca. 100 m links in den Wald hinein. Auf dem ca. 1,5 km Holzbohlensteg durch das Hochmoor und am Ende folgen Sie rechts dem Wanderweg Nr. 1 (Hws. GRÜNHÜTTE). Sie gehen an der Weißensteinhütte vorbei und noch 2,5 km zur Bergvesperstube Grünhütte. Wanderzeit 2:15 Std..

**Wildsee:** An der höchsten Stelle des Bohlenweges (908 m) sehen Sie links den Hornsee, rechts den Wildsee - beide stille Hochmoorseen ohne Zu- und Abfluss.

 **Scherrhof** 667 m

76534 Baden-Baden-Lichtental
☎ 07221 / 74 17     www.waldgasthaus-scherrhof.de
Fax 07221 / 80 43 38

Ganzjährig geöffnet
Ruhetag: Dienstag
Montag, Mittwoch bis Sonntag und Feiertage
täglich ab 11 Uhr geöffnet

Durchgehend ab 12 Uhr warme Küche
Flammkuchen, frisch auf Stein gebacken,
saisonale Gerichte

Von Baden-Baden-Lichtental fahren Sie auf der L 79 in Richtung Forbach / Rote Lache. Vor der Anhöhe Rote Lache sehen Sie an der rechten
Straßenseite ein Hinweisschild zum Scherrhof. Hier biegen Sie rechts ab
und erreichen auf ebenem Waldsträßchen nach 2,5 km die Bergwirtschaft Scherrhof. Siehe Skizze, rechte Seite.

Von der Abzweigung Scherrhof sind es nur noch wenige Meter bis zur
Anhöhe Rote Lache. Wenn Sie auf der anderen Seite ein wenig die Straße
hinuntergehen, haben Sie einen sehr schönen Ausblick ins Murgtal.

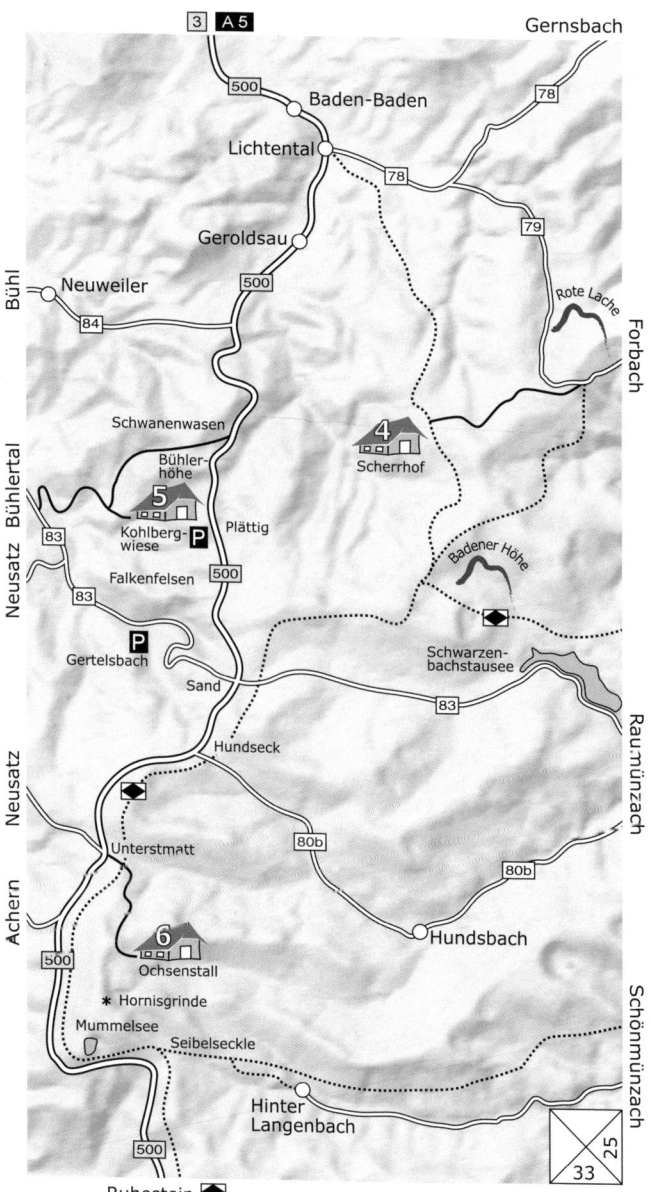

Gernsbach

3  A5

500  Baden-Baden

78

Lichtental

78

79

Geroldsau

Bühl

Neuweiler

500

84

Rote Lache

Forbach

Schwanenwasen

Bühler-höhe

5

Kohlberg-wiese  P

Plättig

4

Scherrhof

Badener Höhe

Neusatz  Bühlertal

83

Falkenfelsen  500

83

P

Gertelsbach

Sand

Schwarzen-bachstausee

83

Raumünzach

Hundseck

Neusatz

Unterstmatt

80b

80b

Achern

500

6

Ochsenstall

Hundsbach

* Hornisgrinde

Mummelsee

Seibelseckle

Schönmünzach

500

Hinter Langenbach

33  25

Ruhestein ◆

29

 **Kohlbergwiese** 680 m

77815 Bühl-Sand
 07226 / 250
Fax 07226 / 92 09 20

www.waldgasthaus-kohlbergwiese.de
www.wirte-buehlertal.de

 März bis Dezember geöffnet
Ruhetag: Montag und Dienstag (außer Feiertage)
Mittwoch bis Sonn- und Feiertag täglich ab 10 Uhr geöffnet
<u>Betriebsferien</u>: 7. Januar bis Palmsonntag 4-6 Wochen
(Öffnungszeiten in dieser Zeit telefonisch erfragen)

 Durchgehend warme Küche
Schwartenmagen mit Bratkartoffeln
Wildgerichte, Rumpsteak

 Von Bühl kommend fahren Sie auf der Hauptstraße durch Bühlertal bis
zur Sparkasse. Hinter der Sparkasse, an der Kreuzung, biegen Sie links
ab. Sie fahren auf der Hirschbachstraße bis zur Tennis- / BMX Anlage
und weiter auf unbefestigtem Waldweg bergauf. Sie folgen den Hinweisschildern Kohlbergwiese und erreichen nach ca. 4 km das Waldgast-
haus Kohlbergwiese. Siehe Skizze, Seite 29 u. S.. 33.

**VARIANTE** Von der Schwarzwaldhochstraße - B 500 am Ghs. Schwanenwasen 800m
talwärts, anschliessend links 1,4 km bergwärts bis Kohlbergwiese.

 Ab Wanderparkplatz Bühlerhöhe (Schwarzwaldhochstraße) unterhalb vom
Hotel Plättig, Waldweg talwärts in 20 Min. Trotz Verbotsschild wird für
Hausgäste die Zufahrt mit dem PKW geduldet.

 **Ochsenstall**

1.036 m

77815 Bühl-Sand
☎ 07226 / 92 09 11
Fax 07226 / 92 09 12

www.wanderheim-ochsenstall.de
☎ 07226 / 266 Schneebericht

 Kein Ruhetag
Täglich ab 9:00 Uhr geöffnet

 Selbstgemachte Eintöpfe, Hausmacher Vesper
Speck und Schinken aus traditionellem Schwarzwälder Rauch

 1 EZ, 2 DZ, 4 Dreibett-, 3 Vierbettzimmer
Sanitäranlagen auf der Etage

 Ab Parkplatz Unterstmatt - B 500 - gehen Sie hinter dem Kurhotel den
Weg hinauf. Sie folgen dem Wanderzeichen Rote Raute auf weißem
Grund (Westweg Pforzheim - Basel) und erreichen bei mittlerem Auf-
stieg, später auf ebenem Waldweg die Bergvesperstube Ochsenstall
(Wanderzeit 0.45 h). Siehe Skizze, S. 29 und S. 33.

 **HORNISGRINDE**
Ab Ochsenstall folgen Sie dem Westweg 2 km in südl. Richtung bis
auf die Anhöhe der Hornisgrinde (1.164 m). Die Hornisgrinde,
höchster und aussichtsreichster Berg des Nordschwarzwaldes, der auf
seiner Höhe ein Moor trägt.

Der Ochsenstall diente im 19. Jahrhundert als Unterstand für Ochs und
Pferd, die als Holzrückehelfer hier oben im Wald ihre Arbeit verrichteten.

 **Bosenstein-Stüble** 810 m

77889 Seebach
☎/Fax 07842 / 3 08 22          www.gasthausbosenstein.de

 Ruhetag: Mittwoch
Werktags ab 10:30 Uhr,
Samstag, Sonn- u. Feiertag ab 10 Uhr geöffnet.

 Durchgehend warme Küche
Heimische Spezialitäten aus Küche und Keller,
ausschließlich aus der Regio.

 Von Ottenhöfen fahren Sie in Richtung Schwarzwaldhochstraße. 2 km
hinter Seebach sehen Sie an der rechten Straßenseite ein Hinweisschild
zum Bosenstein / Kernhof. Hier biegen Sie rechts ab und fahren 4 km auf
asphaltiertem Waldsträßchen, am Sportgeschäft Kern vorbei, direkt bis
zur Bergvesperstube Bosenstein Stüble. Siehe Skizze, rechte Seite u. S. 37.

 Zur besonderen Art einer Wanderung gehört eine Begehung des Eich-
haldenfirsts. Gelegen zwischen Ottenhöfen - Edelfrauengrab und Bosen-
steiner Eck. Eine Durchwanderung der Klippen mit ihren Steilabstürzen
und wechselnden Tiefblicken setzt keine bergsteigerischen Kenntnisse,
jedoch Schwindelfreiheit und Schuhe mit Profilsohle voraus.
50 m oberhalb vom Bosenstein Stüble gehen Sie an der Wandertafel
rechts ab. Sie folgen dem Wanderzeichen blaue Raute, wandern über
Karlsruher Grad abwärts und wieder zurück.

 Ab Bosenstein Stüble erreichen Sie die Verbindungsstraße ( B 500 - Ruhestein / K 5370 - Allerheiligen).

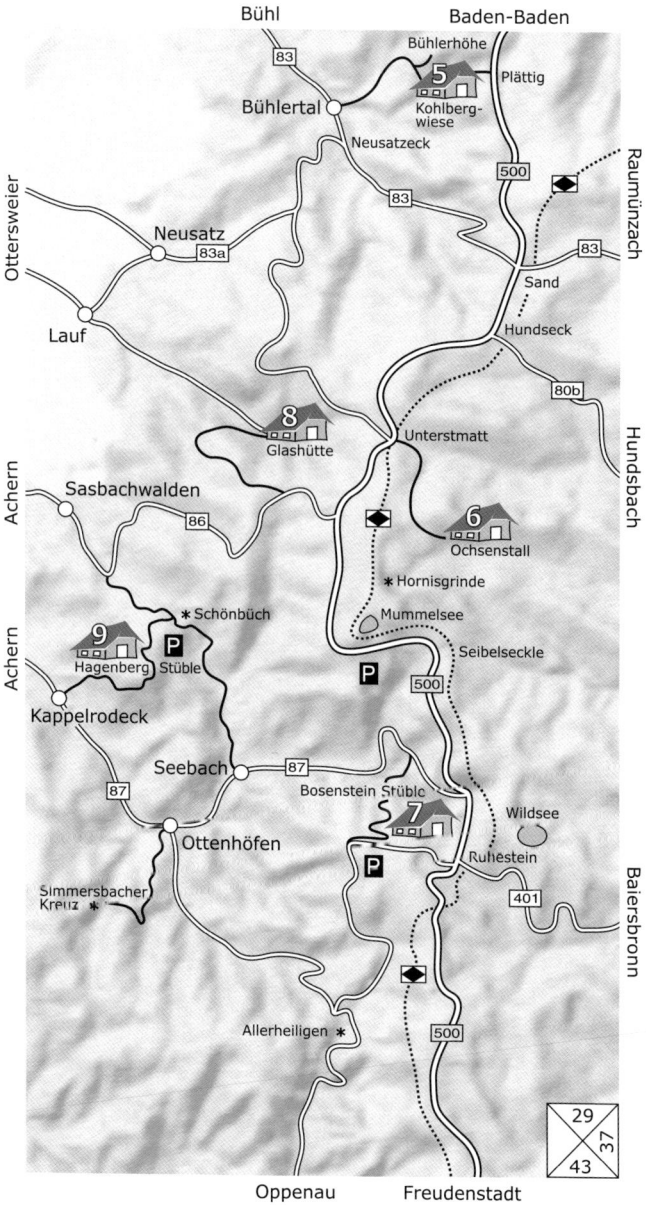

Bühl

Baden-Baden

Bühlerhöhe

**5**

Plättig

83

Kohlberg-
wiese

Bühlertal

Neusatzeck

Raumünzach

83

500

Neusatz

83a

Sand

Ottersweier

83

Lauf

Hundseck

80b

Hundsbach

Unterstmatt

**8**

Glashütte

Achern

Sasbachwalden

86

**6**

Ochsenstall

✳ Hornisgrinde

Mummelsee

**9**

Hagenberg Stüble

P

✳ Schönbüch

Seibelseckle

Achern

Kappelrodeck

P

500

Seebach

87

Bosenstein Stüble

**7**

Wildsee

87

Ottenhöfen

Ruhestein

Baiersbronn

P

401

Simmersbacher
Kreuz ✳

Allerheiligen ✳

500

| 29 |
|---|
| 37 |
| 43 |

 **Glashütte** 520 m

77886 Lauf
☎ 07841 / 33 96
Fax 07841 / 27 09 18

 <u>Mai bis Oktober</u>
Ruhetag: Montag
<u>November bis April</u>
Ruhetag: Montag und Dienstag
Täglich ab 10 Uhr geöffnet

 Durchgehend warme Küche

 Von Ottersweier kommend überqueren Sie in Lauf an der abknik-
kenden Vorfahrtsstraße links den Laufbach. Gleich hinter der Brücke
biegen Sie rechts ab und fahren auf langsam ansteigender Straße, dem
Laufbach folgend, direkt bis zur Bergwirtschaft Glashütte (5 km ab
Lauf). Siehe Skizze, S. 33.

VARIANTE Vom Staubecken bei der Glashütte besteht die Möglichkeit zur Wei-
terfahrt auf einem Holzabfuhrweg aufwärts um den Sodkopf, über das
obere Lautenköpfle und über Hohritt nach Brandmatt zur Straße Sasbachwalden - Schwarzwaldhochstraße (B 500).

 Im Vogtswald im oberen Laufertal erhielt 1623 ein Glasmeister die Konzession zum Bau einer Glashütte. 1745 konnte der damalige Betreiber
den jährlichen Zins nicht mehr bezahlen, und die Hütte ging ein. Die
Gebäude wurden 1758 durch franz. Truppen niedergebrannt. An die
nicht wieder errichtete Hütte erinnert der Glaserwald und der Wohn-
platz Glashütte mit der für die Glaser einst unerlässlichen Wirtschaft.

 **Hagenbergstübel** 640 m

77887 Sasbachwalden
☎ 07841 / 59 13
Fax 07841 / 2 69 62

www.hagenbergstuebel.de

Ruhetag: Montag bis Donnerstag
Freitag und Samstag ab 14 Uhr
Sonn- und Feiertag ab 10 Uhr geöffnet
Für Gruppen (Voranmeldung) ab 12 Personen
wird auch unter der Woche geöffnet

Durchgehend warme Küche
Gebackene Forelle aus eigener Zucht
Speck aus eigenem Rauch, selbstgebackener Kuchen
Produkte aus eigener Tierhaltung

1 FeWo für 2 bis 4 Personen
2 Schlafzimmer, Wohnzimmer, Küche und Du/WC

Von Sasbachwalden fahren Sie in Richtung Schwarzwaldhochstraße. 1 km
hinter Sasbachwalden biegen Sie an der ersten scharfen Linkskurve
rechts ab. Sie fahren auf der Schönbüchstraße bis zur Anhöhe Schönbüch, links Forsthaus. Hier können Sie Ihr Fahrzeug abstellen und rechts
durch den Wald (15 Min.) gehen oder Sie fahren mit dem Auto direkt
zur Bergvesperstube. Siehe Skizze, S. 33.

VARIANTE  Ab Hagenbergstübel können Sie auf asphaltiertem Waldsträßchen talwärts nach Kappelrodeck fahren.

 **Zinsbachstube** 520 m

72299 Wörnersberg
☎ 07453 / 63 03
Fax 07453 / 38 59

www.zinsbachstube.de

Ganzjährig ab 10 Uhr geöffnet
Ruhetag: Montag (ist dieser ein Feiertag, ist Di. geschlossen)

Ab 12 Uhr durchgehend warme Küche
Am Wochenende wechselnde Tagesessen
Saisonale Gerichte, große Vesperkarte, Eiskarte

Von Freudenstadt auf der B 28 in Richtung Altensteig. An der Abzweigung Pfalzgrafenweiler links ab, Richtung Grömbach / Wörnersberg (Hws.). Nach 500 m am Wanderparkplatz (HWS. Zinsbachtal / -stube) rechts und weiter bis zum Talgrund im Zinsbachtal. Hier rechts, 1,4 km auf ebenen Weg entlang des Zinsbaches zur Zinsbachstube.
Siehe Skizze, rechte Seite.

VARIANTE Von Altensteig in Richtung Freudenstadt. Vor Ortsausgang rechts in Richtung Nagold-Talsperre. Sie fahren 2,3 km parallel zur Nagold und biegen hinter dem Campingplatz links ab, Richtung Grömbach. Sie überqueren die Nagold und biegen gleich hinter der Brücke links ab in Richtung Wörnersberg. Nach 1 km an der Abzweigung beim Ghs. Kohlsägmühle links ins Zinsbachtal. 2 km durch das Zinsbachtal bis zur Zinsbachstube.

Gegenüber der Zinsbachstube, auf der anderen Talseite, verläuft der Fernwanderweg OSTWEG Pforzheim – CH-Schaffhausen.

Das Zinsbachtal ist ein für den Schwarzwald typisches Wiesental, das wegen seiner landschaftl. Schönheit zum Naturschutzgebiet erklärt wurde.

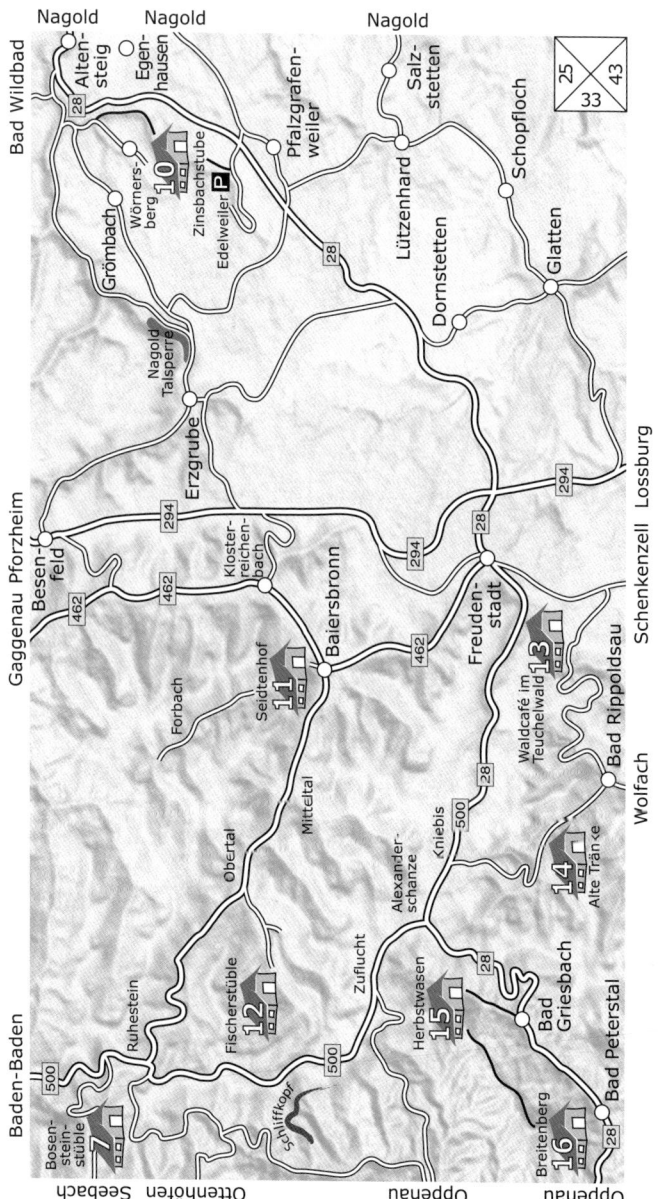

 **Seidtenhof** 550 m

72270 Baiersbronn
☎ 07442 / 12 08 95
Fax: 07442 / 12 08 96

www.seidtenhof.de

Ganzjährig geöffnet
Ruhetag: Mittwoch (feiertags offen)
Täglich ab 12 Uhr geöffnet
<u>Betriebsferien</u>: telefonisch erfragen bzw. über Internet

Durchgehend warme Küche
Maultaschenfüllung und Rindfleischgerichte von eigenen Weideochsen
Schwarzwälder Vespergerichte warm u. kalt, div. Natursäfte
Kuchen und Eisspezialitäten (Murgtaleis) aus eigener Herstellung

Von Baiersbronn in Richtung Klosterreichenbach, hinter der Aral Tankstelle
von der Bundesstraße links ab Richtung Tonbach. Hinter der kl. Brücke
beim Neukauf Markt rechts in den Wiedenbergweg einbiegen und die
zweite Stichstraße rechts zum Reichenbacher Weg vorfahren. Hier an der
Kreuzung rechts und auf dem Reichenbacher Weg 300 m bis zur Vesperstube Seidtenhof. Parkpl. an der rechten Straßenseite. Siehe Skizze, S. 37.

Start: Bahnhof Baiersbronn. Man überquert die B 462 und geht in die
Oberdorfstraße - Alte Gasse - Marienkirche - Alte Reichenbacher Straße
nach Klosterreichenbach. Man überquert die B 462, die Bahnlinie und die
Murg. Hier links in den Höfer Weg und später Reichenbacher Weg
(Einkehr: Seidtenhof 1,4 km) zur Tonbachstraße. Hier links der Straße folgen bis zur B 462. Die B 462 überqueren, dann über die Murg und zurück
zum Bahnhof. Weglänge: 8 km; Gehzeit: ca 1,5 – 2 Std.

Hofführung ab 10 Pers. nach Voranmeldung

 **Fischerstüble** 625 m

72270 Obertal-Buhlbach
☎ 07449 / 233
Fax: 07449 / 80 10

Ganzjährig geöffnet
Ruhetag: Dienstag (feiertags offen)
Täglich vab 11 Uhr geöffnet
Betriebsferien: Anf. November bis Mitte Dezember

Durchgehend warme Küche
Rund um die Forelle ( eig. Forellenzucht)
Gruppen ab 10 Personen vorher anmelden.

Hofladen
Geräucherte und frische Forelle
Montag bis Donnerstag 9 – 12 Uhr,
Freitag von 11 - 12 Uhr
Samstag von 9 - 12 Uhr geöffnet,

Von Baiersbronn fahren Sie in Richtung Ruhestein / Schwarzwaldhoch-
strasse. Im Ortsteil Obertal von der Hauptstrasse (Kirche) links in die
Rechtmurgstrasse Richtung Buhlbach abbiegen. Auf der Rechtmurgstrasse
1 km bis zu einer von rechts kommenden Straße (Bushaltestelle). Hier
rechts in die Rechtmurgstraße einbiegen und im weiteren Verlauf auf der
Schliffkopfstraße an der Glashütte vorbei. Nach weiteren 800m erreichen
SIe die Vesperstube Fischerstüble. Siehe Skizze, S. 37.

Rechtmurgloipe
Flutlichtanlage bis 22 Uhr

 **Waldcafé** im Teuchelwald 740 m

72250 Freudenstadt
☎ 07441 / 62 22     www.waldcafe-teuchelwald.de
Mobil: 0175 / 9 65 26 90

Mai bis Oktober
Ruhetag: Montag
Täglich von 11 bis 19 Uhr geöffnet
Winteröffnungszeiten: siehe Internet
bzw. über Mobil-Tel. (s.o.) erfragen

Noch immer gibt es keinen Strom, romantisch ist es aber schon.
Von Hand aufgebrühter Café, Kuchen aus eigener Herstellung,
leckere Vesper, warm und kalt, gibt es hier, genauso wie ein kühles Bier

Von Freudenstadt auf der B 28 in Richtung Kniebis / Oppenau. Am Orts-
ausgang, hinter dem Besucherbergwerk, links in Richtung Schömberg /
Bad Rippoldsau. Gleich hinter der Abzweigung rechts auf den Parkplatz
Teuchelwald an der Bässler Brücke. Anschließend 15 Min. Fußweg. Siehe
Skizze, S. 37 u. S. 81.

Ein Waldgeschichtspfad (Rundweg 8,5 km ab Parkplatz Teuchelwald)
führt am Waldcafé im Teuchelwald vorbei. Erleben Sie Spuren längst vergangener Zeiten: den Schwarzwald der Flößer und Harzer, der Glas-
hütten und Erzminen. Jahrhundertelange Überbleibsel und original-
getreue Abbildungen veranschaulichen historisches Waldgewerbe und
die Lebensweise der Waldleute. Kohlplatten, ein nachgebauter Kohlen-
meiler, „Teucheln" - ausgehöhlte aneinandergesetzte Baumstämme als
Wasserleitungen und die mächtigste Tanne des Schwarzwaldes gehören
zu den Zeitzeugen.

# **Alte Tränke** Schmidbauernhof 620 m

77776 Bad Rippoldsau
☎ 07440 / 10 66 od. 522          www.alte-traenke.de
Fax 07440 / 91 32 20

Ganzjährig geöffnet
Täglich ab 14 Uhr, Sonn- und Feiertag ab 10:30 Uhr
<u>Mai bis Oktober</u>
Ruhetag: Mittwoch
<u>November bis April</u>
Ruhetag: Mittwoch und Donnerstag
<u>Betriebsferien</u>: Januar

Spezialität: Verschiedene Flammkuchen
Hausmacher Vesper mit selbstgebackenem Holzofenbrot
Bauernbratwurst warm + kalt. Kuchen aus eigener Herstellung
Apfel- u. Zwetschgenstrudel mit Vanillesoße

Dosenwurst, Schwarzwälder Schinken
Diverse Destillate

Von Wolfach fahren Sie auf der L 96 durch das Wolftal nach Bad Rippoldsau. Vor Ortsausgang Bad Rippoldsau (L 96, Richtung Kniebis) 400 m hinter der Klinik, an der linken Straßenseite, etwas oberhalb vom Talgrund befindet sich die Versperstube, Fürstenbergstr. 41. Siehe Skizze, S. 37 u. 81.

Der Schmidbauernhof blickt auf eine 400 jährige Geschichte zurück und befindet sich in der 13. Generation in Familienbesitz.
Das heutige Hofgebäude wurde 1830 erbaut. Wo einst Kühe und Rinder untergebracht waren, ist jetzt ein Café mit Vesperstube entstanden.

 **Herbstwasen** 650 m

77740  Bad Peterstal - Griesbach
☎  07806 / 627
Fax  07806 / 13 82                      www.herbstwasen.de

Ruhetag: Mittwoch
Donnerstag bis Dienstag täglich ab 11 Uhr geöffnet
<u>Betriebsferien</u>: 1. bis 15. Dezember

Durchgehend warme Küche
Wildgerichte
eigene Konditoreierzeugnisse

2 Einzel- u. 15 Doppelzimmer,
alle Zimmer mit Dusche/WC und Balkon

Von Bad Peterstal kommend fahren Sie in Bad Griesbach am Hotel
Adlerbad von der Hauptstraße links ab. Sie fahren durch das Wilde
Renchtal bergauf und erreichen nach 3 km die Bergwirtschaft Herbst-
wasen. Siehe Skizze, rechte Seite u. S. 37.

VARIANTE  Von der Schwarzwaldhochstraße (B 500) Abzweigung Zuflucht in Richtung Oppenau. Nach ca. 2 km, an der ersten scharfen Rechtskurve,
geradeaus und auf Schotter- und Waldweg 3,5 km talwärts bis zum
asphaltierten Querweg. Hier links, und nach 1 km erreichen Sie das
Berggasthaus Herbstwasen..

Direkt am Premium-Rundwanderweg „Wiesensteig" gelegen.
Mountainbike- und Nordic Walking-Strecken in unmittelbarer Nähe.
Zum Westweg 2,5 km. Im Winter bis zur Renchtalloipe gespurt.

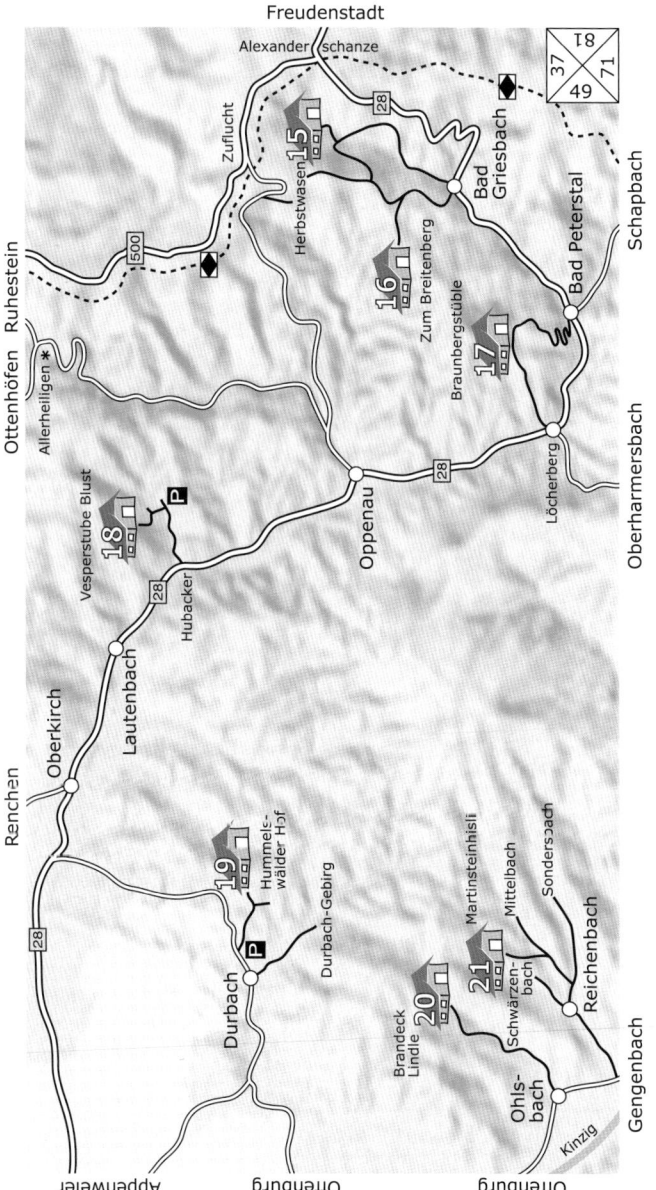

 **Zum Breitenberg** 650 m

77740 Bad Peterstal-Griesbach
☎ 07806 / 636
Fax 07806 / 91 06 36

www.zumbreitenberg.de

 Ruhetag: Dienstag
Täglich von 14 bis 18 Uhr geöffnet
<u>Betriebsferien</u>:
Nach Allerheiligen bis Mitte Dezember

Damwildgehege

 Vesper warm und kalt,
selbstgebackener Kuchen

 2 EZ, 7 DZ;
alle Zimmer mit Dusche/WC und Balkon

 1 FeWo bis 3 Pers., 1 Schlafzi., Wohnzi., Küche, Dusche/WC, Balkon
1 FeWo bis 4 Pers., 2 Schlafzi., Wohnzi., Küche, Dusche/WC, Balkon

 Von Bad Peterstal fahren Sie auf der B 28 nach Bad Peterstal-Griesbach. Zu Beginn von Bad Griesbach biegen Sie die erste Straße, Hws. Breiten-berg, links ab. Sie folgen dem Schild Breitenberg und fahren ca. 2,5 km bergwärts bis auf die Anhöhe. Hier fahren Sie links und sehen nach 100 m die Bergwirtschaft Zum Breitenberg. Siehe Skizze, S. 43 u. S. 37.

Variante Von der Schwarzwaldhochstraße (B 500) Abzweigung Zuflucht in Richtung Oppenau. Nach ca. 2 km, an der ersten scharfen Rechtskurve, geradeaus und auf Schotter- und Waldweg 3,5 km talwärts bis zum asphaltierten Querweg. Hier rechts und nach 850 m erreichen Sie das Berggasthaus Brei-tenberg.

 **Braunbergstüble** 600 m

77728 Oppenau-Löcherberg
☎ 07806 / 541          www.braunbergstueble.de
Fax  07806 / 15 69

 Ruhetag: Montag
Täglich ab 9 Uhr geöffnet
<u>Betriebsferien</u>: Ende November bis Mitte Dezember

 Durchgehend warme Küche
Selbstgebackener Kuchen
Eigene Hausschlachtung und selbstgebrannter Schnaps

 3 DZ; alle Zimmer mit Dusche/WC

 1 FeWo *** 2 bis 5 Personen
1 FeWo **** 2 bis 3 Personen

 Sie fahren von Oppenau auf der B 28 in Richtung Bad Peterstal. Am Ortseingang von Löcherberg biegen Sie links ab in die Braunberg-straße. Ab hier folgen Sie dem Hws. BRAUNBERGSTÜBLE und erreichen nach 2,8 km die Bergwirtschaft Braunbergstüble. Siehe Skizze, S. 43.

 Kinderspielzimmer
Am Haus führt eine Mountain-Bike Strecke vorbei.

 **Vesperstube Blust** 355 m

77794 Lautenbach
☎ 07802 / 10 45

 Ruhetag: Donnerstag und Freitag
Montag bis Mittwoch und Samstag ab 14 Uhr
Sonn- u. Feiertag ab 10 Uhr geöffnet
<u>Betriebsferien</u>: Weihnachten bis ca. 20. Januar

 Es wird selbst gebacken und selber geschlachtet
Im Sommer gibt es Gegrilltes
Schlachtplatte von Anfang Oktober bis April

 Von Oberkirch fahren Sie auf der B 28 in Richtung Oppenau. Im Ortsteil Hubacker sehen Sie an der linken Straßenseite das Hinweisschild Sulzbach. Hier biegen Sie von der Bundesstraße links ab und folgen dem Hws. VESPERSTUBE. Sie fahren durch das Sulzbachtal und erreichen nach 2 km die Vesperstube Blust. Die Zufahrt ist mit dem Schild VESPERSTUBE durchgehend beschildert. Siehe Skizze, S. 43.

 Die überdachte Freiterasse bietet im Sommer und im Winter (beheizt) einen angenehmen Aufenthalt. Seit 1981 besteht die Wirtschaft der Familie Blust im ehedem 1836 erbauten Gebäude. Mittlerweile in dritter Generation auf dem Hof, haben die Wirtsleute Blust 1952 nach dem großen Brand Ökonomie und Wohnhaus neu erstellt.

 **Hummelswälder Hof** 390 m

77704 Bottenau
☎ 07802 / 9 18 94 www.hummelswaelder-hof.de

Ganzjährig geöffnet
Kein Ruhetag
Montag bis Freitag ab 11:30 Uhr
Samstag, Sonn- und Feiertag ab 11 Uhr geöffnet

Durchgehend warme Küche
Gutbürgerliche Gerichte, Hausmacher Vesper und 1/2 Hähnchen
Weine aus eigenem An- und Ausbau
Auf Vorbestellung: Schinken im Brotteig (ab 6 Personen)
Spanferkel (ab 15 Personen)

Von Durbach fahren Sie auf der Badischen Weinstraße in Richtung
Oberkirch. 800 m hinter Durbach biegen Sie auf der Anhöhe, an der
Brandstetter Kapelle, rechts ab. Sie fahren durch den kleinen Wald und
erreichen nach weiteren 400 m die Bergvesperstube Hummelswälder
Hof. Siehe Skizze, S. 43.

Ab Hummelswälder Hof zum Aussichtsturm Geigerskopf, Fußweg 35 Min.

In den Weinbergen gelegen.
Bei der Zufahrt, ab Brandstetter Kapelle, vom Bergkamm schöne
Aussicht über Weinberge, links in das Bottenautal und rechts in das
Durchbachtal.

 **Brandeck-Lindle** 518m

77797 Ohlsbach
☎ 07803 / 92 22 46
Fax 07803 / 92 67 33

www.brandeck-lindle.de

 Ruhetag: Dienstag und Mittwoch (außer Feiertag)
Montag, Donnerstag bis Sonn- und Feiertage
täglich ab 11 Uhr geöffnet

 Durchgehend warme Küche,
wechselnde Tagesessen
Pfannenschnitzel, saftige Steaks
Wurstsalat mit Bibiliskäs und Brägele
Hausgemachter Kuchen
Auf Vorbestellung Extrakarte für Feiern von 6 bis 30 Personen

 Von Offenburg kommend fahren Sie in Ohlsbach am Rathaus beim Ohlsbach links ab in die Dorfstraße. Sie durchfahren Ohlsbach auf der Dorfstraße bis ins Hintertal. Ab Ortsausgang fahren Sie parallel zum Ohlsbach
3km bergwärts bis ans Ende des Sträßchens direkt bis zur Bergvesperstube
Brandeck-Lindle. Siehe Skizze, rechte Seite u. S. 43.

Sie erreichen zu Fuß das Brandeck-Lindle von Ohlsbach, Ortenberg,
Durbach, bzw. Zell-Weierbach in ca. 1,5 Stunden.
Zum Mooskopfturm sind es ca. 4 Stunden.
Ein Rundweg zum Brandeckturm dauert etwa 2 Stunden.

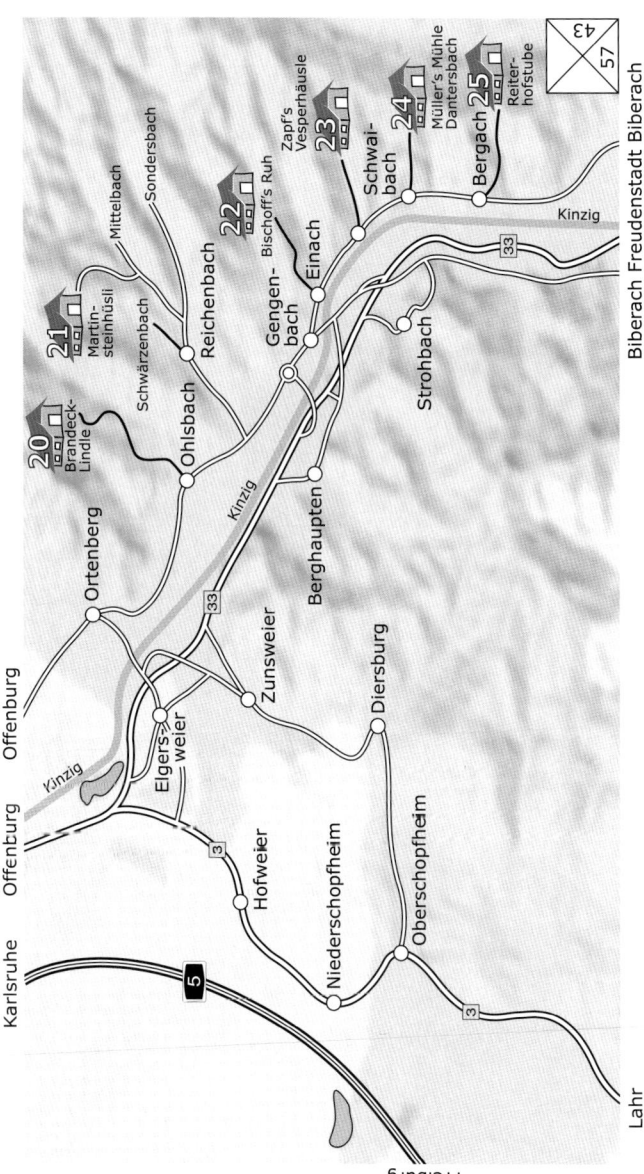

 **Martinsteinhiesli** 350 m

77723 Reichenbach b. Gengenbach
☎ 07803 / 26 27
Fax 07803 / 98 05 59

www.martinsteinhiesli.de

 Ganzjährig geöffnet
Ruhetag: Montag und Dienstag
Öffnungszeiten telef. erfragen
bzw. über Internet

Damwildgehege

 Durchgehend warme Küche
Rumpsteak/Schnitzel mit Pommes
Selbstgebackener Kuchen, Vesper mit Holzofenbrot aus eig. Herstellung
Winterhalbjahr: Wildgerichte aus eigener Jagd und Gehege

 Dosenwurst, Schwarzwälder Schinken
Diverse Schnäpse und Most, alles aus eigener Herstellung

 Von Gengenbach kommend durchfahren Sie Reichenbach und fahren
am Ortsende an der Kreuzung links ab ins Mittelbach-Tal. Nach 1 km
biegen Sie am Hws. MARTINSTEINHIESLI links ab, fahren durch den Wald
bergwärts und erreichen nach 800 m die Bergvesperstube Martinsteinhiesli. Siehe Skizze, S. 49 u. S. 43.

 **Bischoff's Ruh** 204 m

77723 Gengenbach
 ☎ 07803 / 27 59
Fax: 07803 / 60 01 42

www.bischoffsruh.de

Ruhetag: Montag
Dienstag bis Sonntag und Feiertag täglich ab 10 Uhr geöffnet
2. November bis 24. Dezember
nur Samstag, Sonn- und Feiertag ab 10 Uhr geöffnet

Nur Vesperkarte, Flammenkuchen
Selbstgemachter Kuchen, Hausschlachtung
1. April bis 31. Oktober: jeden Freitag ab 12 Uhr:
Brägeli-Tag „satt", Bratkartoffeln mit Beilage

5 DZ und 1 EZ
alle Zimmer mit Dusche / WC

1 FeWo für 2 bis 4 Personen

Ab Gengenbach - Kinzigtor fahren Sie auf der Einachstraße parallel zur
Bahnlinie in Richtung Biberach. 150 m hinter der Bushaltestelle Einach
biegen Sie links ab in den Oberer Hüttersbacher Weg. Ab hier fahren
Sie leicht bergauf und erreichen nach 1,3 km die Vesperstube Bischoff's
Ruh. Siehe Skizze, S. 49.

Der **Tälerpfad** führt durch die kleinen Seitentäler an der Westseite des
Kinzigtals von Gengenbach nach Biberach. Gesamtlänge ca. 16 km.
**Ausgangspunkt**: Gengenbach Parkplatz Schneckenmatt / Kinzigtor (an
der Strasse nach Schwaibach). Streckenlänge ca. 5 km bis Bischoff´s Ruh.

 **Zapf's Vesperhäusle** 250 m

77723 Gengenbach - Schwaibach
 ☎ 07803 / 92 93 48
Fax 07803 / 92 93 47

www.ferienhof-zapf.de

März bis November
Ruhetag: Montag und Dienstag
Mittwoch bis Samstag ab 16 Uhr,
Sonn- und Feiertage ab 12 Uhr geöffnet

 Fleisch- und Wurstwaren vom eigenen Grünlandbauernhof
Badischer Wurstsalat mit Brägele

 Verkauf von landwirtschaftlichen Erzeugnissen

 5 FeWo im Bauern- und Ferienhaus
für 2-7 Personen von 50 bis 95 qm

 Ab Gengenbach - Kinzigtor (Bahnschranke) fahren Sie auf der Einachstraße, später Kinzigstraße, parallel zur Bahnlinie in Richtung Schwaibach. Im OT Schwaibach am Hws. ZAPF'S VESPERHÄUSLE biegen Sie links
ab. Anschliessend 650 m bergwärts durch das Schwaibachtal zum Zapf's
Vesperhäusle an der linken Straßenseite. Siehe Skizze S. 49.

 Oberhalb Zapf's Vesperhäusle Zugang zum Tälerpfad (70 m).
Der Tälerpfad führt durch die kleinen Seitentäler an der Westseite des
Kinzigtals von Gengenbach nach Biberach. Gesamtlänge 16 km.

 **Müller's Mühle** 240 m

77723 Gengenbach-Schwaibach
 ☎ 07803 / 27 95
Fax 07803 / 27 45

www.vesper-muehle.de

 1. April bis 31. Oktober
Ruhetag: Montag, Dienstag und Donnerstag
Mittwoch und Freitag ab 16 Uhr,
Samstag ab 14 Uhr, Sonn- und Feiertag ab 11 Uhr geöffnet
1. November bis 31. März
Ruhetag: Montag bis Freitag
Samstag ab 14 h, Sonntag ab 11 Uhr geöffnet

 Hausmacher Vesper, Zwiebelkuchen,
Hausschlachtung, eigener Most

 Nur für Gruppen ab 6 Personen.
4 Mehrbettzimmer, 1Zi. bis 8 Pers., 1Zi. bis 7 Pers., 2 Zi. bis 4 Pers.
WC und Dusche auf der Etage.
Bitte vorher anmelden.

 Ab Gengenbach - Kinzigtor fahren Sie auf der Einachstraße / Kinzig-
straße parallel zur Bahnlinie in Richtung Biberach. An der Bushaltestelle
Schwaibach - Rathaus (Hws. ZUR MÜHLE) biegen Sie in das Seitental
Dantersbach links ab. Sie fahren 300 m leicht bergauf und stellen Ihr
Fahrzeug links am Parkplatz ab und gehen die letzten 100 m zu
Fuß zur Müller's Mühle. Siehe Skizze, S. 49.

Oberhalb Müller's Mühle Zugang zum Tälerpfad. Der Tälerpfad führt
durch die kleinen Seitentäler an der Westseite des Kinzigtals von Gengenbach nach Biberach. Gesamtlänge ca. 16 km.

 **Reiterhofstube Schwarz** 235 m

77723 Gengenbach - Bergach
 ☎ 07803 / 10 99      www.reiterhof-schwarz.de
Fax 07803 / 10 09

 <u>April bis Oktober</u>
Sonn- und Feiertage ab 13:30 Uhr geöffnet

 Kuchen und Torten aus eigener Herstellung
Flammenkuchen, frische Salate,
Schnitzel mit Pommes und Salat
Zünftiges Vesper mit Bratkartoffeln oder Klostermühlenbrot

 Mehrbettzimmer
außerhalb der Ferienzeit auf Voranmeldung

 Ab Gengenbach - Kinzigtor (Bahnschranke) fahren Sie auf der Einachstraße, später Kinzigstraße, parallel zur Bahnlinie in Richtung Schwaibach. Im OT Bergach am Hws. REITERHOFSTUBE SCHWARZ biegen Sie links
ab. Anschliessend bergwärts bis zur kommenden Abzweigung (Hws.).
Hier rechts bergwärts durch den Hohlweg bis zur nächsten Wegga-
belung. An dieser links und noch 100 m bis zur Reiterhofstube.
Siehe Skizze S. 49.

Oberhalb Reiterhofstube Schwarz Zugang zum Tälerpfad (250 m).
Der Tälerpfad führt durch die kleinen Seitentäler an der Westseite des
Kinzigtals von Gengenbach nach Biberach. Gesamtlänge 16 km.

# Besucherbergwerke im Schwarzwald

Siehe Übersichtskarten (S. 2 - 5) von Nord nach Süd

**① Neuenbürg**: *Eisenerzbergwerk Frischglück*
Ende März bis Anf. Nov. Sa., Sonn- u. Feiertag 10 - 17.30 Uhr
Auskunft: 07082 / 7 91 00 u. www.frischglueck.de

**② Neubulach**: *Hist. Silberbergwerk Hetta-Glück-Stollen mit Asthma-Therapie*
April bis Oktober tägl. Mo. bis Sa. u. Sonn- u. Feiertag 10 - 16 Uhr
Auskunft: 07053 / 96 95-10 u. www.neubulach.de

**③ Dornstetten-Hallwangen**: *Hist. Silberbergwerk Himmlisch Heer*
Mai bis Okt.: Sonntags 11 - 17 Uhr
Auskunft: Tel. 07443 / 930-0 u. www.bergwerk-hallwangen.de

**④ Freudenstadt**: *Friedrichs-Fundgrube*
Ostern bis Okt.: Fr., Sa., Sonn- u. Feiertag 14 - 17 Uhr
Auskunft: 07441 / 864-730 u. www.freudenstadt.de

**⑤ Oberwolfach**: *Grube Wenzel*
Mai bis Oktober tägl. 11 - 17 Uhr, außer Mo.
Auskunft: 07834 / 83 83-0 u. www.wolfach.de

**⑥ Haslach-Schnellingen**: *Grube Segen Gottes*
Ganzjährig geöffnet
Di., Do., Sa., Sonn- u. Feiertag 13.30 u. 15.30 Uhr
Auskunft: 07832 / 706-172 u. www.gastliches-kinzigtal.de

**⑦ Sexau**: *Silberbergwerk Carolinengrube*
Juli bis September jeden 2. Samstag 10 - 17 Uhr
Auskunft: 07641 / 92 68-0 u. www.sexau.de

**⑧ Freiburg i. Br.**: *Museumsbergwerk Schauinsland*
1. Mai bis 1. Nov.: Mi., Sa., Sonn- u. Feiertag
Gr. Führung (2,5 Std.) 11 u. 14 Uhr, kl. Führung (1 Std.) 11 u. 14 Uhr
Auskunft: 0761 / 2 64 68 u. www.schauinsland.de

**⑨ Münstertal**: *Silberbergwerk Teufelsgrund mit Asthma-Therapie*
April bis Mitte Juni / Mitte Sept. bis Ende Okt. Di., Do., Sa. u. So. 14 - 17 Uhr
Mitte Juni bis Mitte September tägl. 14 -17 Uhr, außer Mo.
November Sa. u. So. 14 - 17 Uhr
Auskunft: 07636 / 707-0 u. www.muenstertal.de

**⑩ Wieden**: *Besucherbergwerk Finstergrund*
Mai bis Oktober Mi., Sa., Sonn- u. Feiertag 10 - 16 Uhr
Auskunft: 07673 / 70 41 u. www.finstergrund.de

**⑪ Todtmoos**: *Hoffnungsstollen*
Mai bis Oktober Mi., Sa., Sonn- u. Feiertag 14 - 17 Uhr
Auskunft: 07674 / 90 60-0 u. www.todtmoos.de

- Alle Angaben ohne Gewähr -

 **Beck's Vesperstube** 425 m

77960 Seelbach
☎ 07823 / 26 05
Fax: 07449 / 80 10

 Ruhetag: Dienstag
Montag, Mittwoch bis Freitag ab 12 Uhr,
Samstag, Sonn- und Feiertag ab 10:30 Uhr geöffnet
<u>Betriebsferien</u>: 14 Tage ab Dienstag nach Allerheiligen

 Frischkäs mit Früchten
Brotzeitteller, Käseplatte und Salatteller aus der Regio

Von Lahr fahren Sie auf der B 415 in Richtung Biberach. Auf der Anhöhe
Schönberg biegen Sie links ab und sehen rechts oberhalb die Vesperstube
Beck. Siehe Skizze, rechte Seite.

 **Burgruine Hohengeroldseck**
Parkplatz unterhalb der Burganlage, Fußweg 10 Min.
Auf einem etwa 75 m hohen, ringsum freistehenden Felskegel, von dem
aus alle Pässe der umliegenden Täler eingesehen werden konnte. voll-
endete Walter I von Geroldseck um 1250 die Burg Hohengeroldseck.
Während ihres Bestehens wurde sie mehrmals belagert, so im Jahre 1426
und 1486. Die endgültige Zerstörung erfolgte durch die Franzosen 1689.
Die Hohengeroldseck blieb von da an dem Verfall überlassen.

*i* Floristisch aufwendig geschmückter Tisch- und Wandschmuck geben der
Gaststube die besondere Atmosphäre. In der Gartenanlage leben auf
großzügigem Raum Kleintiere.

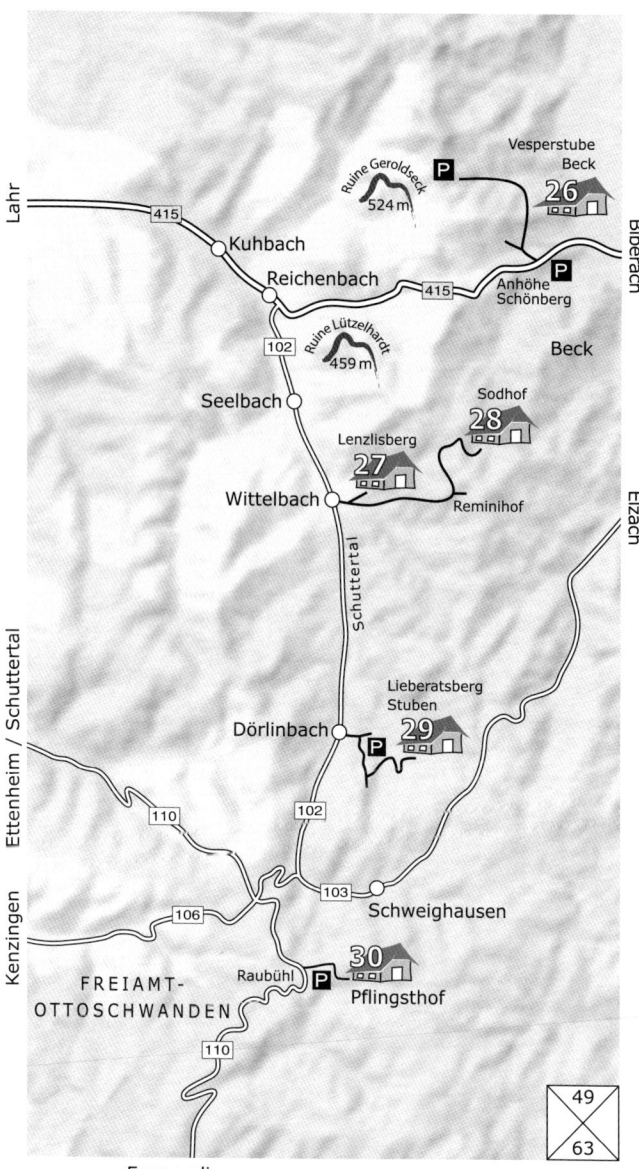

Lahr

415

Kuhbach

Reichenbach

Ruine Geroldseck
524 m

P

Vesperstube
Beck

26

Biberach

415

Anhöhe
Schönberg

P

102

Ruine Lützelhardt
459 m

Beck

Seelbach

Lenzlisberg

27

Sodhof

28

Elzach

Wittelbach

Reminihof

Schuttertal

Ettenheim / Schuttertal

Lieberatsberg
Stuben

Dörlinbach

P

29

102

110

103

Schweighausen

Kenzingen

106

FREIAMT-
OTTOSCHWANDEN

Raubühl

P

30

Pflingsthof

110

49

63

Emmendingen

 **Lenzlisberg** 245 m

77960 Wittelbach b. Seelbach
☎ 07823 / 23 73
Fax 07823 / 59 52

www.ferienhof-lenzlisberg.de

 <u>Ostern bis Oktober</u>
Sonntag von 14 bis 17 Uhr geöffnet
Für Gruppen ganzjährig tägl. nach Voranmeldung

Streichelzoo
Reitunterrricht

 Zünftiges Bauernvesper, Most aus eig.Herstellung
Spezialität: luftgetrockneter Geroldsecker Schinken
Hausgemachte Kuchen

 Doppel- und Dreibettzimmer (teilweise Balkon) mit Du/WC
oder Etagendusche/WC

 4 FeWo *** 1 bis 5 Peronen
Insgesamt 29 Betten, gerne auch für eine Nacht

 Von Seelbach kommend fahren Sie in Wittelbach direkt hinter dem
Zebrastreifen links in die Oberdorfstraße. Anschließend 200 m parallel
zum Michelbronnbächle und fahren am Hws. LENZLISBERG, links vom
Schild, den kleinen asphaltierten Weg hinauf. Nach 100 m erreichen
Sie die Vesperstube Lenzlisberg. Siehe Skizze, S. 57.

 Kinderreiten sonntags 15:00 bis 16:30 Uhr
Wanderritte auf Haflingern und geführte Ausritte für Kinder.

 **Sodhof** 500 m

77978 Schuttertal-Wittelbach
☎ 07823 / 23 56
Fax 07823 / 96 07 93

 Ruhetag: Dienstag
Montag, Mittwoch bis Feitag ab 11:30 Uhr,
Samstag, Sonn- u. Feiertag ab 10 Uhr geöffnet
<u>Betriebsferien</u>: 1 Woche im Dezember

 Warme Küche von 11:30 bis 14 Uhr und ab 18 h
Täglich wechselndes Tagesgericht
Vesper warm u. kalt durchgehend

Von Seelbach kommend fahren Sie in Wittelbach, am Rathaus, links in die Oberdorfstraße. Anschließend parallel zum Michelbronnbächle bis zum Reminihof (Damwildgehege). Hinter dem Reminihof fahren Sie links den Berg hinauf (Michelbrunn) und erreichen nach 2 km das Höhengasthaus Sodhof. Siehe Skizze, S. 57.

Direkt am Kandelhöhenweg gelegen

Der Sodhof war ein ehemaliges Sudhaus. In Fässern wurde der Gerstensaft mit einem Roßgespann angeliefert. Dies war um 1900. Der Hof selbst wurde im Jahre 1751 erbaut.

Unter einem über 100jährigen Kastanienbaum können Sie in der Gartenwirtschaft vepern und die Höhenluft einatmen.

 **Lieberatsberg Stuben** 450 m

77978 Schuttertal-Dörlinbach
☎ 07826 / 719
Fax 07826 / 96 68 97

www.lieberatsbergstube.de

 Ruhetag: Donnerstag
Täglich ab 11 Uhr geöffnet
<u>Betriebsferien</u>: 2 Wochen in den Sommerschulferien BaWü
(bitte telefonisch erfragen)

 Durchgehend warme Küche
Fleischgerichte und Wurstwaren
von Tieren aus eigener Tierhaltung

Dosenwurst aus eigener Herstellung

 Von Seelbach kommend fahren Sie in Dörlinbach hinter dem Kriegerdenkmal links ab. Sie halten sich links, fahren an dem Wanderparkplatz vorbei und erreichen nach 800 m die Abzweigung zur Bergwirtschaft. Hier fahren Sie links den Berg hinauf und erreichen nach weiteren 400 m die Lieberatsberg Stuben. Siehe Skizze, S. 57.

Durch die vergangenen Jahrhunderte wurde in der Regel dem Jüngsten der angestammte Hof vererbt. Da der Jägertoni Bauer aber zwei Höfe zum Vererben hatte, wurde durch ziehen zweier ungleicher Strohalme das Erbe aufgeteilt. Sohn Lieberat zog den längeren, und so heisst heute die Anhöhe über Dörlinbach Lieberatsberg.

 **Pflingsthof** 460 m

77978 Schweighausen
☎ 07826 / 753

www.pflingsthof.de

Ruhetag: Montag und Dienstag
Mittwoch bis Samstag täglich ab 14 Uhr,
Sonn- und Feiertag ab 9 Uhr geöffnet
<u>Betriebsferien</u>: Dezember

Leberle sauer ab Mittwoch
Hirschgulasch am Sonntag
Flammenkuchen (Mittwoch und Freitag)

Selbstgebackenes Holzofenbrot

Von Ettenheim fahren Sie bis zur Anhöhe Streitberg. Sie überqueren die
Straßenkreuzung und fahren weiter auf der L 110 in Richtung Frei-
amt / Ottoschwanden. Nach 1,5 km fahren Sie hinter dem Wald, am
Ende der leichten Rechtskurve links ab (Zufahrt zum Wanderparkplatz
Raubühl) und sehen unterhalb die Bergwirtschaft Pflingsthof.
Siehe Skizze, S. 57.

In etwas mehr als einer halben Stunde vom Pflingsthof entfernt erreichen
Sie auf ebenem Weg die Kniesteinkapelle.

Der Hof mit Mühle, Backhaus, Brandweiher und dem alten Wohnhaus
aus dem Jahre 1673 gehört seit Jahrhunderten ununterbrochen der
Familie Ohnemus.

## Schwarzwälder Uhr

Die Uhrenindustrie im Schwarzwald hat eine lange Tradition. Seit dem 18. Jahrhundert wurden in den bäuerlichen Familien Uhren und Uhrwerke gefertigt und Uhrschilder bemalt. Die ersten der inzwischen weltweit bekannten Kuckucksuhren wurden 1738 in Schönwald gebaut.

## Der Bollenhut

Die Tracht, die gemeinhin als typisch für den Schwarzwald gilt, stammt aus dem Gutachtal. Ursprünglich nur hier trugen die Frauen die Bollenhüte, die ledigen mit roten, die verheirateten Frauen mit schwarzen Bollen.

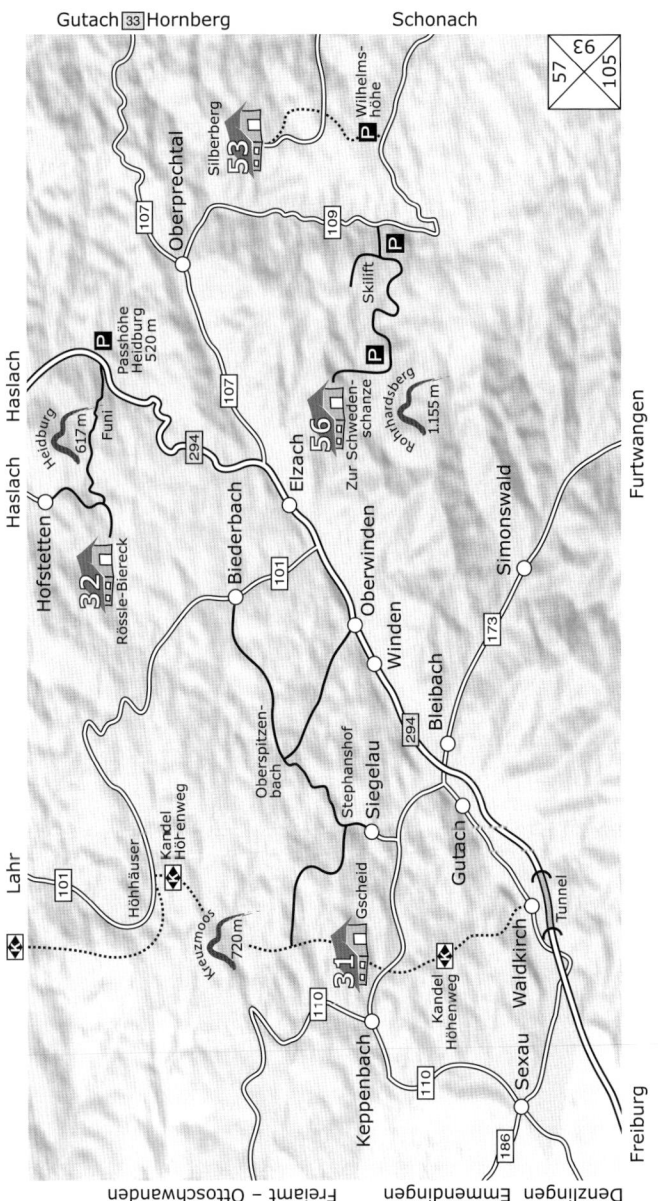

Gutach 33 Hornberg    Schonach

57 ⊠ 93 / 105

Oberprechtal

Silberberg  53

P Wilhelms-höhe

107

109

P Skilift

Haslach    Haslach

P Passhöhe Heidburg 520 m

Heidburg 617 m  Funi

107

294

Rothardsberg 1.155 m

56  Zur Schweden-schanze

Hofstetten

32  Rössle-Biereck

Biederbach    Elzach

101

Oberwinden

Winden

Simonswald    Furtwangen

173

Lahr

Kandel Höhenweg

Höhhäuser

101

Oberspitzen-bach    Stephanshof

Siegelau    Bleibach

294

Gscheid

Kreuzmoos 720 m

31

Gutach

Tunnel

110

Kandel Höhenweg

Sexau    Waldkirch

Keppenbach

110

186

Freiburg

Denzlingen  Emmendingen

Freiamt – Ottoschwanden

63

 **Gscheid** 456 m

79348 Freiamt
☎ 07645 / 335

 Ruhetag: Montag
Täglich ab 14 Uhr,
Sonn- und Feiertag ab 10 Uhr geöffnet

 Durchgehend warme Küche
Hausmacher Vesper, Speck
Eigene Schlachtung

 Von der B 294 Ausfahrt Gutach / Simonswald fahren Sie in Richtung
Gutach. Hinter der Elzbrücke biegen Sie rechts ab in Richtung Siegelau.
Sie fahren auf der K 5109 an der Abzweigung Siegelau vorbei und weiter
bis zur Anhöhe Gscheid. Das Gasthaus Gscheid befindet sich direkt auf
der Anhöhe. Siehe Skizze, S. 63.

 Direkt am Kandelhöhenweg gelegen.

 Gscheid bedeutet Grenze. Hier oben auf der Anhöhe verläuft die Gemar-
kungsgrenze Freiamt - Siegelau. Der genaue Grenzverlauf verläuft quer
über die Straße, hinter der Anhöhe, in Richtung Siegelau. Den genauen
Grenzverlauf erkennen Sie rechts an dem Pfahl auf der Weide und an
der unterschiedlichen Baumhöhe des angrenzenden Waldes.

# 32 Biereck - Rössle

598 m

77716 Hofstetten
☎ 07832 / 22 14
Fax 07832 / 96 91 67

www.gasthof-biereck.de

Ruhetag: Montag und Dienstag
Mittwoch bis Sonn- und Feiertag
von 11 bis 21 Uhr geöffnet

Durchgehend warme Küche von 11:30 h bis 20:30 h
Gutbürgerliche und saisonale Gerichte

2 DZ mit Dusche

3 FeWo für 2-4 Personen

Von Haslach fahren Sie nach Hofstetten. In Hofstetten fahren Sie an der
Kirche vorbei und sehen am Ortsausgang ein Hinweisschild BIERECK. Ab
hier fahren Sie 5 km bergwärts, durch den Wald, bis auf die Anhöhe und
weiter bis zum Berggasthof Biereck - Rössle. Siehe Skizze, Seite 63.

Bis zum Bau der B 294, von Elzach über Heidburg nach Haslach, führte
die alte Verbindungsstraße zwischen dem Elz- und Kinzigtal über die
„Biereck". Das einsam auf der aussichtsreichen Paßhöhe stehende Gasthaus „Zum Rößle" bot den Fuhrleuten, die bei schweren Frachten zuvor
im Tal Vorspann genommen hatten, und den Reisenden nach dem
Aufstieg über die „alte Steig" eine willkommene Einkehr.

 **Bächle Hof** 460 m

77787 Nordrach
☎ 07838 / 354

Kein Ruhetag
Montag ab 15 Uhr,
Dienstag bis Freitag ab 13 Uhr,
Samstag, Sonn- und Feiertag ab 12 Uhr geöffnet

Durchgehend warme Küche
Bauernbratwurst und Schinkeneier
Vesper warm und kalt

Von Unterharmersbach fahren Sie auf der Verbindungsstraße Unterharmersbach - Nordrach in Richtung Mühlstein. Nach 2,5 km fahren Sie an der Abzweigung Sodlach vorbei und sehen nach weiteren 300 m links die Zufahrt zur Bergvesperstube BÄCHLE HOF (Hws.). Hier fahren Sie links den Berg hinauf und erreichen nach 200 m die Bergvesperstube Bächle Hof. Siehe Skizze, rechte Seite.

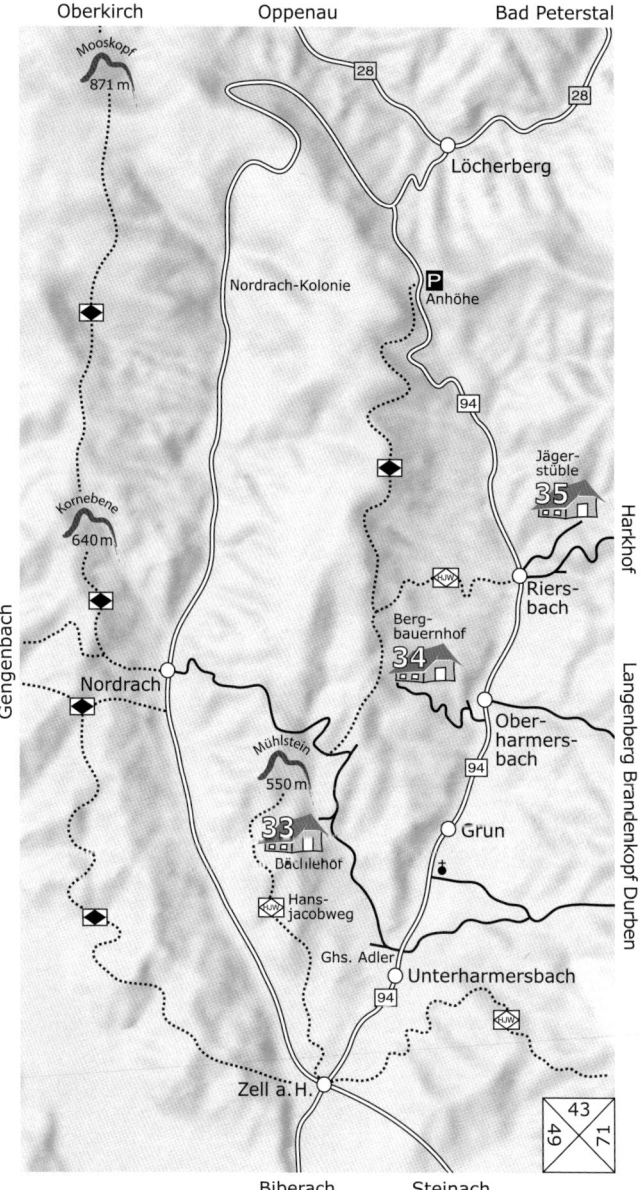

Oberkirch          Oppenau          Bad Peterstal

Mooskopf
871 m

28                                        28

Löcherberg

Nordrach-Kolonie

P
Anhöhe

94

Jäger-
stüble
35

Kornebene
640 m

Riers-
bach

Berg-
bauernhof
34

Nordrach

Ober-
harmers-
bach

Mühlstein
550 m

94

Grun

33
Bächlehof

Hans-
jacobweg

Ghs. Adler

Unterharmersbach

94

Zell a. H.

Gengenbach

Harkhof

Langenberg Brandenkopf Durben

43
49    71

Biberach          Steinach

67

 **Bergbauernhof** 470 m

77784 Oberharmersbach
☎ 07837 / 849
Fax 07837 / 16 19

www.bergbauernhof-lehmann.de

 Ruhetag: Dienstag
Täglich ab 10 Uhr geöffnet

Durchgehend warme Küche
Bratwurst mit Bratkartoffeln (Brägeli)
Eigene Schlachtung

Ferien auf dem Bauernhof
2 FeWo für 4 Pers. + Zustellbett möglich
2 FeWo für 2 Pers. + Zustellbett möglich
1 FeWo für Allergiker, 2 bis 4 Pers., 2 Studios für 2 Pers.
Alle Wohnungen mit Dusche/WC
Frühstück kann extra eingenommen werden.
Je nach Belegung, kann auch für eine Nacht gebucht werden.

Von Zell a. H. kommend fahren Sie am Ortseingang Oberharmersbach,
an der Verkehrsinsel, links über die kleine Brücke. Nach 250 m fahren
Sie links den Berg hinauf und erreichen nach weiteren 2 km steiler
Zufahrt die Bergvesperstube Bergbauernhof. Siehe Skizze, S. 67.

Ab Ghs. Adler (Unterharmersbach) auf dem Reichstalpfad – R – in Richtung
Oberharmersbach. Am Ende vom Spielplatz (Hws. Bergbauernhof 3,5 km)
gehen Sie rechts und folgen der Markierung (gelbe Raute auf weißem
Grund) - Höllhaken 2,5 km - Sodlach 3 km. Auf der Anhöhe Sodlach, Hws.
Bergbauernhof 500 m, rechts den Berg hinunter. Wanderzeit 1:30 Std.

 **Jägerstüble** Oberharmersbach 460 m

77784 Oberharmersbach
☎ 07837 / 840 www.jaegerstueble-oberharmersbach.de
Fax 07837 / 92 91 73

 Ruhetag: Montag
(wenn Feiertag, dann am Mittwoch Ruhetag)
Dienstag bis Sonntag täglich ab 10 Uhr geöffnet

 Durchgehend warme Küche
von 11:30 bis 21 h, Sonntag bis 20 h
Gutbürgerliche Gerichte, Rumpsteak mit Bratkartoffeln
Jägerschnitzel mit hausgemachten Spätzle
Spezialitätenwochen ( siehe Homepage unter Aktuelles )

 1 EZ und 3 DZ;
alle Zimmer mit Dusche/WC, TV und Balkon

 Von Oberharmersbach fahren Sie bis OT-Riersbach in Richtung Bad
Peterstal. 75 m hinter der Subaru-Autovertretung fahren Sie von der
Obertalstraße rechts ab in die Straße Holderbach und weiter bergwärts
bis zum Jägerstüble. Siehe Skizze, S. 67 u. 71.

 Unterhalb vom Westweg gelegen
Pt. Am Jägerbrünnele zum Pt. Wattereck: Hier Abstieg zum Jägerstüble
im Holdersbachtal.

 Schöne Aussicht auf die umliegenden Wiesen und Wälder sowie das
benachbarte Wildgehege.

 **Harkhof** 700 m

77784 Oberharmersbach
☎ 07837 / 835
Fax 07837 / 92 92 35

www.harkhof.de

 Ruhetag: Montag; außer an Feiertagen
Täglich ab 9 Uhr geöffnet

 Durchgehend warme Küche
Vesper mit Holzofenbrot
Hausschlachtung und Hausbrennerei

 Selbstgebrannte Schnäpse, Holzofenbrot, Butter und Frischkäse
sowie Wurst, Speck und Schinken aus eigener Herstellung

 2 EZ / 1 DZ mit Beistellbett, 3 Dreibettzimmer (auch als DZ buchbar)
Alle Zimmer mit Dusche / WC
Mehrbettschlafraum 2 x 6 Personen und 2x10 Personen
Waschräume mit Dusche / WC vorhanden
- Alle Zimmer wurden 2013 neu renoviert -.

 1 FeWo für 2 bis 6 Personen im Nebengebäude
2 Schlafzimmer, Wohnzimmer, Küche, Dusche/Bad/WC, Sat/TV, Balkon

 Von Oberharmersbach kommend fahren Sie im Ortsteil Riersbach an
der Subaru-Vertretung rechts ab. Sie fahren 5 km auf asphaltiertem
Wirtschaftsweg bis auf die Anhöhe Hark und direkt bis zur Bergvesperstube Harkhof. Siehe Skizze, rechte Seite.

 Gelegen am Westweg Pforzheim - Basel • Querweg Gengenbach - Alpirsbach • Mitteleuropäischer Fernwanderweg Nordsee - Bodensee.

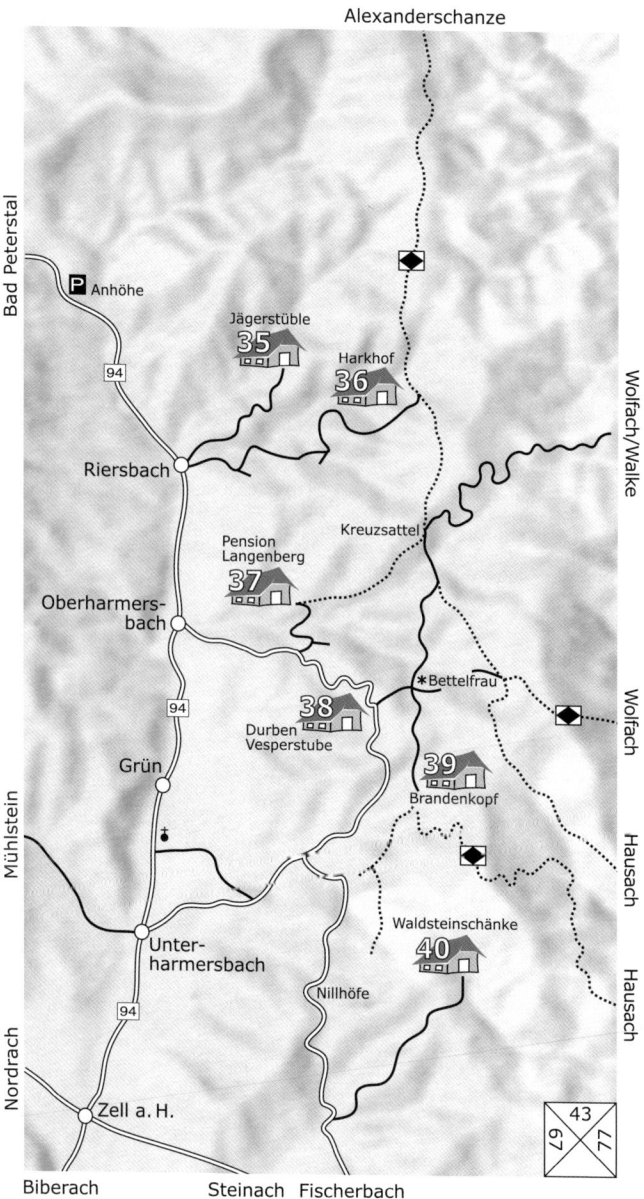

Alexanderschanze

Bad Peterstal

P Anhöhe

94

Jägerstüble
35
Harkhof
36

Riersbach

Kreuzsattel

Pension
Langenberg
37

Oberharmers-
bach

94

*Bettelfrau

Wolfach

Durben
Vesperstube
38

39

Grün

Brandenkopf

Mühlstein

Unter-
harmersbach

94

Waldsteinschänke
40

Nillhöfe

Nordrach

Zell a. H.

43
67    77

Biberach          Steinach  Fischbach

Wolfach/Walke

Hausach

Hausach

 **Langenberg** 590 m

77784 Oberharmersbach
☎ 07837 / 750
Fax 07837 / 92 25 14

www.vesperstube-langenberg.de

Ruhetag: Dienstag
Täglich ab 10 Uhr geöffnet

 Durchgehend warme Küche
Gutbürgerliche Gerichte
Hausschlachterei, Bauernvesper

 Kirschwasser und Obstler aus eigener Hausbrennerei

 7 DZ, alle Zimmer verfügen über eine Waschgelegenheit
Dusche/WC befinden sich auf der Etage

 Von Oberharmersbach, ab der Kirche, fahren Sie in Richtung Brandenkopf und erreichen nach 1,5 km eine Straßengabelung. Hier fahren Sie links (rechts geht es zum Brandenkopf) und kommen nach weiteren 800 m zur Abzweigung Pension Langenberg. Hier biegen Sie links ab, fahren den Berg hinauf und sehen auf der Anhöhe linkerhand die Bergwirtschaft Langenberg. Siehe Skizze, S. 71.

 Unterhalb vom Westweg gelegen
Pt. Kreuzsattelhütte (Hws. Langenberg), zum Pt. Beim Grabenjörgle, ab hier den Hinweisschildern folgen.

 **Vesperstube Durben** 710 m

77736 Unterharmersbach
☎ 07837 / 274    www.bergwirtschaft-durben.weblico.de

 Ruhetag: Mittwoch u. Donnerstag (am Feiertag geöffnet)
Täglich ab 12 Uhr geöffnet

 Durchgehend warme Küche
Original Schwarzw. Bibiliskäs eigener Herstellung, Flammkuchen
Bratwurst u. Schinken aus eigenem Rauch, Holzofenbrot
Kaffee und Kuchen aus eig. Herstellung
Sämtliche Produkte von Tieren aus eigener Landwirtschaft

 Bratwurst, Blut- u. Leberwurst in Dosen, Landbutter
Div. Destillate aus eigener Schnapsbrennerei

 2 FeWo für 2 bis 4 Personen

 Von Unterharmersbach - Bahnhof fahren Sie 6 km in Richtung Brandenkopf. Auf der Anhöhe Durben sehen Sie links unterhalb von der Fahrstraße
die Vesperstube Durben. Siehe Skizze, S. 71.

VARIANTE  Ab Oberwolfach-Walke, Wolfachbrücke, fahren Sie in Richtung Kreuzsattel. Sie fahren am Kreuzsattel vorbei und weiter in Richtung Brandenkopf. An der Abzweigung Bettelfrau fahren Sie geradeaus und weiter
in Richtung Oberharmersbach. An der Waldlichtung Durben biegen Sie
links ab und sehen nach 100 m rechts unterhalb die Vesperstube Durben.
Siehe Skizze, S. 71.

 **Brandenkopf** 945 m

77784 Oberharmersbach
☎ 07831 / 61 49
Fax 07831 / 96 60 14

www.brandenkopf.net

Ruhetag: Montag
Ganzjährig geöffnet, täglich ab 10 Uhr

Badische Küche und Schwarzwälder Spezialitäten
Hausmacher Vesper mit Holzofenbrot

2 DZ mit Dusche/WC
3 Dreibettzimmer mit Dusche/WC
3 DZ und 3 Dreibettzimmer, Dusche/WC auf der Etage
Alle Zimmer mit fließend w/k Wasser

Von Oberharmersbach, ab der Kirche, fahren Sie in Richtung Brandenkopf. Sie erreichen nach 5 km Bergfahrt die Anhöhe Durben und
fahren weiter auf ebener Waldstraße bis zum Wanderparkplatz Bettelfrau.
Hier halten Sie sich scharf rechts (links Kreuzsattel / Wolfach) und fahren
direkt bis zum Gipfel Brandenkopf. Siehe Skizze, S. 71 und S. 77.

**VARIANTE** Ab Wanderparkplatz Bettelfrau (s. o.)
**Nach Hausach**:
Rechts den schmalen Wald-
weg bergwärts. Anschlies-
send gleich links und auf
Wald- und Forstweg 7 km
talwärts.

**Nach Wolfach-Walke:**
Auf der Fahrstrasse gera-
deaus, an der Kreuzsattelhütte vorbei und 6 km talwärts auf Wald- und Forstweg.

Am Westweg und
Hansjacob-Weg gelegen

Der 32 m hohe Branden-
kopfturm, ein steinerner
Aussichtsturm, bietet weite
Ausblicke über die Schwarz-
waldhöhen.

 **Waldsteinschänke** 534 m

77716 Fischerbach
☎ 07832 / 97 98 67
Fax 07832 / 97 98 68
www.waldsteinschenke.de

 Samstag, Sonn- und Feiertag ab 13 Uhr geöffnet
Unter der Woche, ab 8 Pers., nach Voranmeldung
<u>Betriebsferien</u>: Weihnachten bis 31. Januar

Streichel-
zoo

 Flammenkuchen
Bratwurst und selbstgebackener Kuchen
Fleisch- und Wurstwaren
von Tieren aus eigener Landwirtschaft

 Honig
Hausmacherwurst in Dosen

 Ferien auf dem Bauernhof
2 FeWo bis 5 Pers.; ab 2 Tage

Von Haslach fahren Sie durch Fischerbach in Richtung Hausach. Am
Ortsausgang von Fischerbach biegen Sie links ab in Richtung Nillhöfe
und fahren nach ca. 1,2 km an der zweiten Abzweigung (Hws.) rechts
ab. Ab hier, fahren Sie ca. 2 km ständig bergauf und Hinweisschilder
zeigen Ihnen den Weg. Die Waldsteinschenke befindet sich oberhalb
im Andersbachtal, unterhalb vom Brandenkopf. Siehe Skizze, S. 71.

 Walderlebnispfad 2,5 km, Waldquizpfad 3,5 km mit 20 Wissensfragen.
Gefördert vom Naturpark Schwarzwald Mitte / Nord.
3 ausgeschilderte Rundwege, 45 Min., 60 Min., 90 Min. ab Wanderparkplatz vor dem Haus.

# 41 Käppelehof

550 m

77756  Hausach-Einbach
☎  07831 / 459
Fax  07831 / 8 39 92

www.kaeppelehof-hausach.de

Ruhetag: Montag und Dienstag (außer Feiertage)
<u>Betriebsferien</u>: 14 Tage über die Faschingszeit

Warme Küche von 12 - 14 Uhr und ab 17 Uhr
Durchgehend kleine, warme Gerichte
Samsatg, Sonn- und Feiertag durchgehend warme Küche

Von Hausach fahren Sie nach Einbach. In Einbach biegen Sie von der
Dorfstraße rechts ab und überqueren die kleine Brücke (Hws.). Ab hier
fahren Sie 2 km bergauf und bis ans Ende der Straße, direkt bis zur
Bergwirtschaft Käppelehof. Siehe Skizze, rechte Seite u. S. 83.

Am Westweg, Hansjakobweg
und Jacobusweg gelegen.

**WENDELINUSKAPELLE** - Neben seinem mächtigen Schwarzwaldhof im
oberen Osterbach erbaute im Jahre 1738 Jacob Bächle zu Ehren des
großen Bauernheiligen Wendelinus eine Kapelle. Der Zulauf der Wallfahrer,
die zum Teil in Prozessionen aus nah und fern kamen, war so groß, dass
der Käppelebauer ab 1740 das Recht erhielt, die Pilger mit Speis und Trank
zu verköstigen. Damit hatte die Geburtsstunde für das Gasthaus zum Käppelehof geschlagen. 1779 ließ der Hofbauer Johannes Benz die kleine und
baufällige Kapelle zu der jetzigen Form erweitern. Das Heiligtum selbst ist
die bekannteste Wendelinuskapelle des mittleren Schwarzwaldes.

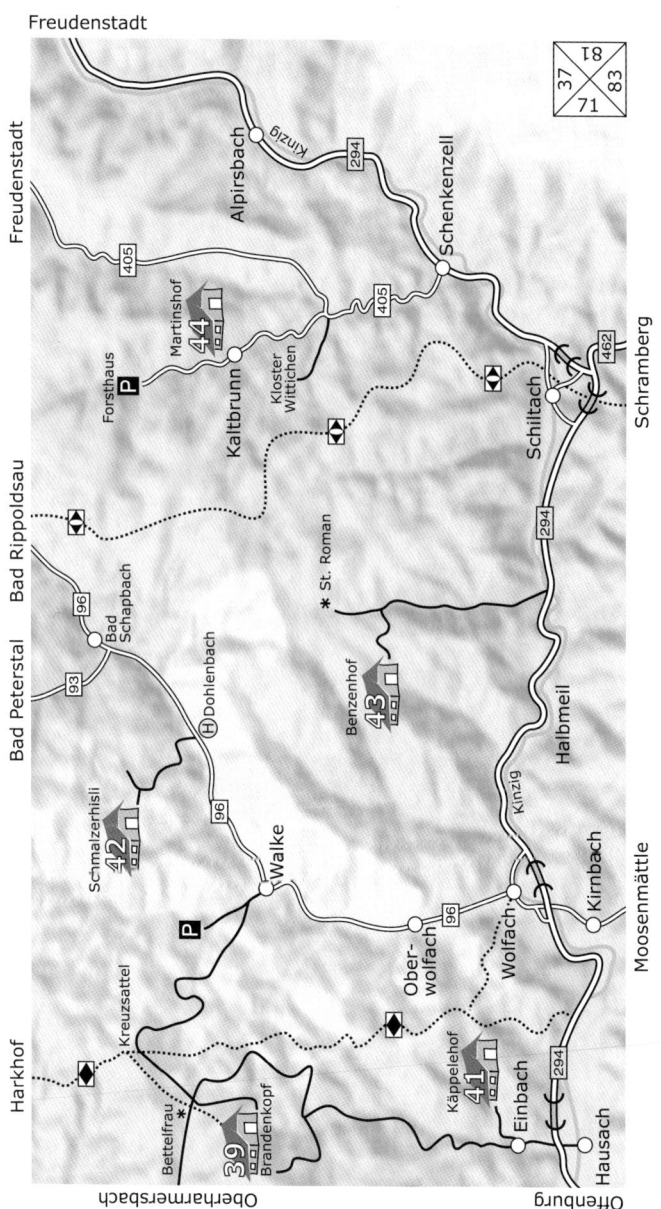

Freudenstadt

Freudenstadt

Freudenstadt

Bad Rippoldsau

Bad Peterstal

Harkhof

Kinzig

Alpirsbach

294

Schenkenzell

405

405

Martinshof

44

Forsthaus

Kaltbrunn

Kloster Wittichen

Schiltach

462

Schramberg

St. Roman

294

Bad Schapbach

96

93

Dohlenbach

Benzenhof

43

Halbmeil

Schmalzerhisli

42

96

Walke

P

Oberwolfach

96

Kinzig

Wolfach

Kirnbach

Moosenmättle

Kreuzsattel

Käppelehof

41

Brandenkopf

39

Bettelfrau

Oberharmersbach

Einbach

294

Hausach

Offenburg

37 81
71 83

# Schmalzerhisli

739 m

77709  Oberwolfach  www.hotel-hirschen-oberwolfach.de
☎  07834 / 16 75
oder  07834 / 83 70 (Hotel Hirschen)
Fax  07834 / 67 75

April bis Oktober
Samstag, Sonn- u. Feiertag von 11 bis 19 Uhr geöffnet
1. November bis 1. April
nur am Sonntag geöffnet

Durchgehend warme Küche
Schmalzerhislivesper, Hausmacher Vesper warm und kalt
Kuchen aus eigener Backstube

1 FeWo für 2-3 Personen

Ab Wolfach fahren Sie in Richtung Bad Rippoldsau - Schapbach. 2 km
hinter dem Ort Oberwolfach - Walke fahren Sie an der Bushaltestelle
Dohlenbach links den Berg hinauf. Nach 2,5 km sehen Sie links auf der
Anhöhe „Auf dem Schlegel" die Bergvesperstube Schmalzerhisli.
Siehe Skizze, S. 77 u. S. 81.

**Gütschkopfrundweg**
(Wegmarkierung: Schwarzes G auf gelbem Grund in rotem Kreis))
Schmalzerhisli – Kirchhofweg – Gütschkopfweg - Gütschkopf (Aus-
sichtspunkt 837 m) – Schlegel – Hansjakobstein – Schmalzerhisli.
Wanderzeit: ca. 1,5 Std., Weglänge ca. 6 km, Höhenunterschied ca. 100 m.
Der Hansjacobweg führt am Haus vorbei.

 **Benzenhof** 700 m

77709 Wolfach - St. Roman
☎ 07836 / 21 97

www.benzenhof.de

Ganzjährig geöffnet
Ruhetag: Montag
Dienstag bis Freitag ab 13 Uhr,
Samstag, Sonn- und Feiertag ab 12 Uhr geöffnet

Durchgehend warme Küche
Eigene Schlachtung, selbstgemachter Schinken,
Brot, Most und Obstler
Kuchen aus eigener Herstellung

6 FeWo im Gästehaus mit Dusche/WC
Übernachtung für 1 Nacht möglich,
je nach Verfügbarkeit (Bitte tel. erfragen)
Frühstück für Hausgäste in der Vesperstube

Sie fahren von Wolfach auf der B 294 in Richtung Schiltach. 2 km hinter
Halbmeil biegen Sie nach einer langgezogenen Linkskurve links (Hws.
ST. ROMAN) ab. Sie überqueren die Kinzig und erreichen nach 4,5 km
die Abzweigung zum BENZENHOF (Hws.). Hier biegen Sie links ab und
fahren direkt zur Bergwirtschaft Benzenhof.
Siehe Skizze, S. 77 u. S. 81.

**St. Roman**, ein kleiner Wallfahrtsort.
Hansjakobweg und Jacobusweg führen direkt am Haus vorbei.

 **Martinshof** 450 m

77773   Kaltbrunn
☎/Fax 07836 / 25 86

Ganzjährig geöffnet
Ruhetag: Montag
Dienstag bis Sonntag ab 10 Uhr geöffnet
<u>Betriebsferien</u>: November 3 Wochen

Selbstgebackener Kuchen
Wild und saisonale Gerichte

2 DZ mit Dusche/WC

Von Schenkenzell fahren Sie 3 km auf der L 405 in Richtung Wittichen.
150 m nach der Abzweigung Wittichen fahren Sie nach Kaltbrunn links
ab. Sie fahren durch Kaltbrunn und sehen am Ortsausgang, bei der
Kapelle rechts oberhalb der Straße, die Bergwirtschaft Martinshof.
Siehe Skizze, rechte Seite u. S. 77.

<u>Kl. Hansjacobweg, Nordic-Walking Strecke führen am Haus vorbei.</u>
Das ehemalige Klarissenkloster Wittichen (siehe Skizze, rechte Seite)
befindet sich im Nachbartal.
**Klostermuseum:** Mai bis Okt. jeden Samstag von 10 bis 12 Uhr geöffnet.
Immer am zweiten Sonntag im Oktober findet in Wittichen das Luit-
gartfest statt.

In der Gaststube befindet sich eine sehenswerte Mineraliensammlung.

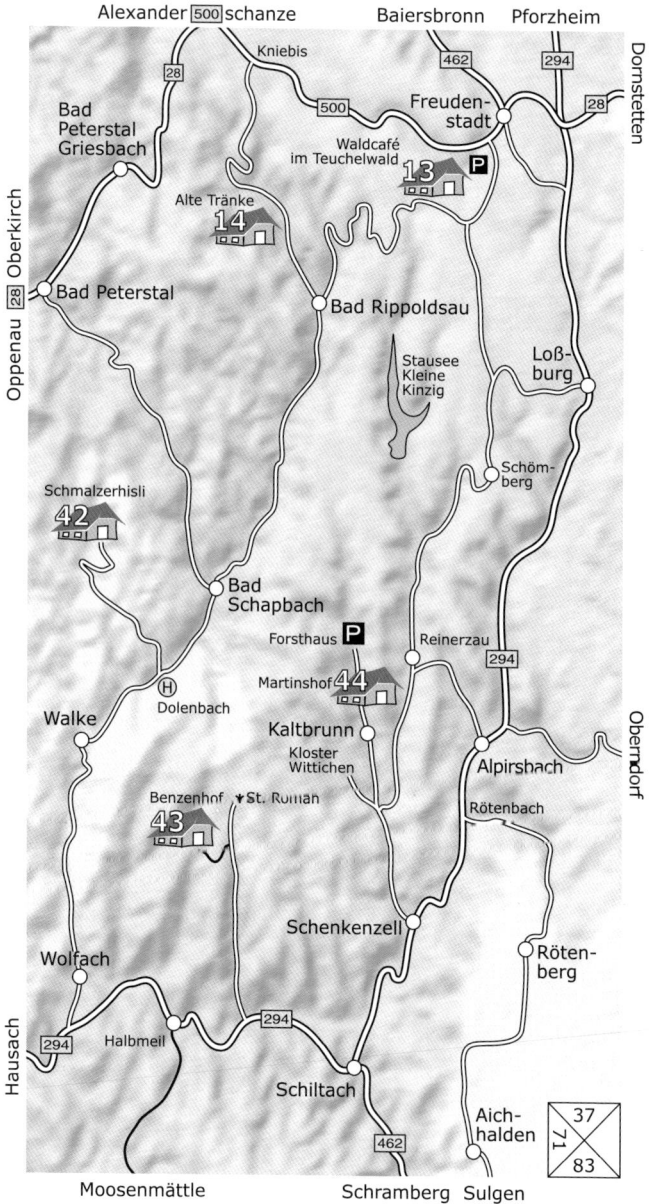

Alexander ⟨500⟩schanze · Baiersbronn · Pforzheim

Kniebis

⟨28⟩

⟨462⟩

⟨294⟩

Dornstetten

⟨500⟩

Freuden-stadt

⟨28⟩

Bad Peterstal Griesbach

Waldcafé im Teuchelwald

**13** P

Alte Tränke

**14**

Oberkirch ⟨28⟩

Bad Peterstal

Bad Rippoldsau

Loß-burg

Stausee Kleine Kinzig

Schöm-berg

Schmalzerhisli

**42**

Bad Schapbach

Forsthaus P

Reinerzau

⟨294⟩

Oppenau

Martinshof **44**

Walke

(H) Dolenbach

Kaltbrunn

Kloster Wittichen

Alpirsbach

Oberndorf

Benzenhof ↓St. Roman

**43**

Rötenbach

Wolfach

Schenkenzell

Röten-berg

Hausach

⟨294⟩

Halbmeil

⟨294⟩

Schiltach

⟨462⟩

| | 37 |
|71| |
| | 83 |

Aich-halden

Moosenmättle · Schramberg Sulgen

81

# Schwenkenhof 580 m

77761 Schiltach
☎ 07836 / 72 13

www.schwenkenhof.de

1. April bis 30. November
Ruhetag: Dienstag
Montag, Mittwoch bis Freitag ab 14 Uhr,
Samstag, Sonn- und Feiertag ab 12 Uhr geöffnet
1. bis 23. Dezember / 1. März bis 31. März
nur Samstag, Sonn- und Feiertage ab 12 Uhr geöffnet
Betriebsferien: 7. Januar bis 28. Februar

Durchgehend warme, kleine Vespergerichte
Strammer Max, Hausmacher Wurst
Schwarzwälder Schinken mit selbstgebackenem Holzofenbrot

2 FeWo im Leibgeding-Haus für 2-4 Personen

Von Wolfach kommend fahren Sie in Schiltach-Zentrum an der Abzweigung Schramberg vorbei. Nach 200 m fahren Sie am Gasthaus-Rössle (etwas erhöht von der Fahrstraße) halbrechts die Straße hinauf. Nach weiteren 30 m biegen Sie rechts ab in die Staigstraße. Oberhalb der Staigstraße fahren Sie scharf links in die Schlossbergstraße. Ab hier fahren Sie den Berg hinauf und erreichen nach ca. 3 km die Anhöhe AUF DER STAIG. Hier biegen Sie rechts ab und fahren direkt bis zur Bergwirtschaft Schwenkenhof. Siehe Skizze, rechte Seite.

VARIANTE Von Aichhalden kommend fahren Sie beim Zollhaus (Hws.) links ab und fahren den Berg hinunter bis zur Anhöhe AUF DER STAIG. Weiter s.o.

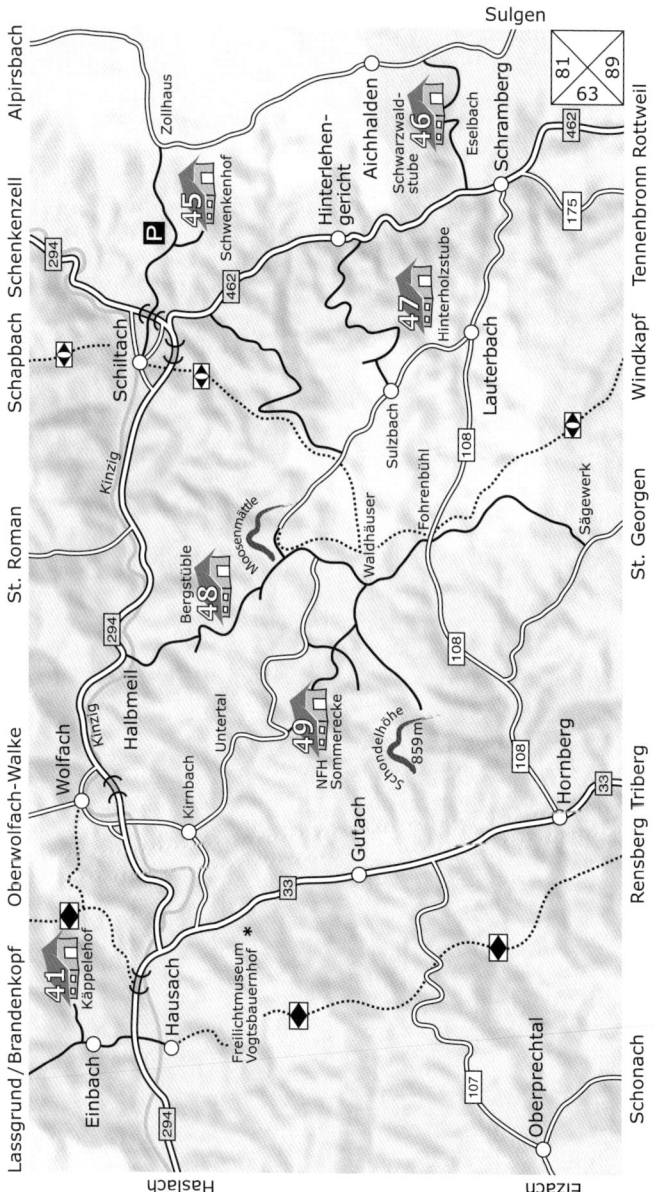

Sulgen

Alpirsbach

Zollhaus

Schapbach  Schenkenzell

294

Schiltach

Kinzig

St. Roman

Oberwolfach-Walke

Wolfach

Halbmeil

Kinzig

Untertal

Kirnbach

Hausach

Einbach

294

Lassgrund / Brandenkopf

Käppelehof **41**

Aichhalden

Hinterlehen-
gericht

Schwarzwald-
stube **46**

Schramberg

Eselbach

462

175

Tennenbronn Rottweil

Schwenkenhof

P **45**

462

Hinterholzstube

**47**

Lauterbach

Sulzbach

108

Frohrenbühl

Waldhäuser

Moosenmättle

Bergstüble **48**

Schönde/höhe
859m

NFH Sommerecke **49**

108

Sägewerk

St. Georgen

Windkapf

Hornberg

108

33

Rensberg Triberg

Gutach

33

Freilichtmuseum
Vogtsbauernhof ✳

107

Oberprechtal

Schonach

Haslach

Elzach

81 | 89
---|---
 63 |

**46** **Schwarzwaldstube** 600 m

78733 Aichhalden-Eselbach
☎/Fax 07422 / 67 94

 Ruhetag: Montag und Dienstag
Mittwoch bis Samstag ab 12 Uhr,
Sonn- und Feiertag ab 9:30 Uhr geöffnet
<u>Betriebsferien</u>: 2-3 Wochen über Pfingsten

 Durchgehend warme Küche
Hausmacher Vesper, tägl. Schlachtplatte
<u>Samstag, Sonn- u. Feiertag</u>: Schnitzel, Steak mit Pommes u.Salat

 Von Schramberg fahren Sie auf der B 462 in Richtung Schiltach. 500 m
hinter Schramberg, in einer langgezogenen Linkskurve, sehen Sie an der
rechten Straßenseite einen Steinbruch. Hier biegen Sie nach Eselbach
rechts ab und fahren 3 km bergauf direkt bis zur Bergwirtschaft Schwarzwaldstube. Siehe Skizze, S. 83.

**VARIANTE** Ab Schwarzwaldstube haben Sie die Möglichkeit auf die Anhöhe Aichhalden zu fahren.

 Ab Waldfriedhof Schramberg Richtung Aichhalden - über Tierstein -
nach Eselbach. WDZ blaue Raute mit weißem Strich (Verbindungsweg)
und Nr. 3 auf blauem Grund. Ca. 60 Min.

 Von der Terrasse schöne Aussicht über das Schiltachtal.

# **Hinterholz Stube** 685 m

77761 Schiltach - Hinterlehengericht
☎ 07836 / 71 38
Fax 07836 / 95 96 86

www.hinterholzstube.de

Ruhetag: Montag
Dienstag bis Samstag ab 14 Uhr
Sonn- und Feiertag ab 12 Uhr geöffnet.
Behindertengerechte Vesperstube

Durchgehend warme Küche
Flammenkuchen, Holzofenbrot, sämtl. Wurstwaren aus hofeigener
Wursterei, DLG prämierte Wurst, große Vesperauswahl

Von Schiltach fahren Sie auf der B 462 in Richtung Schramberg. Hinter
dem OT Schiltach-Hinterlehengericht biegen Sie nach 300 m (Hws)
rechts ab. Parallel zum Kienbach fahren Sie ca. 5 km bergwärts bis auf
die Anhöhe Hinterholz. Siehe Skizze, S. 83 u. S. 89.

VARIANTE 100 m hinter der Hinterholz Stube fahren Sie rechts durch den Wald
bis zur zweiten Abzweigung auf der Freifläche oberhalb Sulzbach. Hier
biegen Sie links ab und fahren talwärts bis zur Hauptstraße (links nach
Lauterbach, rechts zum Mosenmättle).

Dieser 500 Jahre alte unter Denkmalpflege stehende Speicher (Sand-
stein und Holzkonstruktion) diente ganz früher als Altenteil. Auffallend
ist, dass sich kein Schornstein auf dem Dach der 1998 eingerichteten
Vesperstube befindet.

5 Wohnmobilstellplätze mit Stromanschluss

 **Bergstüble** 792 m

77709 Wolfach - Kirnbach
☎ 07834 / 17 35 (ab 13 Uhr)

  Kein Ruhetag
Täglich ab 13 Uhr,
Sonn- und Feiertag ab 10 Uhr geöffnet
Juni bis Oktober bei schönem Wetter tägl. ab 10 Uhr geöffnet

 Nur Vesper

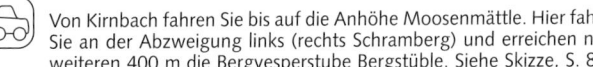 Von Kirnbach fahren Sie bis auf die Anhöhe Moosenmättle. Hier fahren
Sie an der Abzweigung links (rechts Schramberg) und erreichen nach
weiteren 400 m die Bergvesperstube Bergstüble. Siehe Skizze, S. 83.

Von Hornberg in Richtung Lauterbach / Schramberg. Auf der Anhöhe
Fohrenbühl links, zwischen den Häusern, in Richtung Moosenmättle. 2,2
km bis zur Abzwg. Waldhäuser. Hier rechts, 2 km durch den Wald, bis
zur Anhöhe Moosenmättle. Anschließend links, 400 m bis zum Bergstüble.

VARIANTE  Ab Bergstüble auf dem Fahrsträßchen weiter geradeaus und anschliessend
den Berg hinunter bis ins Kinzigtal zur B 294 – Wolfach <> Schiltach.

 **Sommerecke** Naturfreundehaus 778 m

77709 Wolfach-Kirnbach
 ☎ 07834 / 69 08
Fax: 07834 / 4 79 85
www.naturfreunde-schramberg.de

Ruhetag: Dienstag
Montag, Mittwoch bis Sonntag tägl. ab 10 Uhr geöffnet
<u>Dezember, Januar, Februar</u>: Ruhetag - Montag u. Dienstag

 Warme Küche ab 11.30 Uhr

 11 DZ, 4 Drei- u. 4 Vierbettzimmer, alle mit fl. k/w Wasser, teilweise mit DU u. WC bzw. Etagendusche. 1 Schlafraum bis 20 Personen Reservierung unter Tel.: 0781-570 93 (Diethelm Kern) oder Internet.

 Von Kirnbach bergwärts durch das Kirnbachtal in Richtung Moosenmättle bis zur Abzwg. Simonshansenhofweg. Hier rechts einbiegen und 1,2 km bis zur kommenden Wegkreuzung (Hws. Sommerecke) vorfahren. An der Wegkreuzung scharf rechts und noch 900 m durch den Wald bis zum NFH Sommerecke. Siehe Skizze, S. 83.

VARIANTE Von Hornberg Richt. Lauterbach. Auf der Anhöhe Fohrenbühl links zwischen den Häusern in Richtung Moosenmättle 2,2 km bis zur Abzwg. Waldhäuser (rechts Moosenmättle/geradeaus Sommerecke). Sie fahren geradeaus und nach 300 m rechts, anschl. 600 m abwärts bis zur Wegkreuzung (Hws. Sommerecke). Diese geradeaus überqueren und noch 900 m durch den Wald bis zum NFH Sommerecke. Siehe Skizze, S. 83.

 Bei guter Fernsicht fantastischer Vogesenblick von der Terrasse.

 **Auerhahn** 825 m

78144 Tennenbronn
☎ 07729 / 92 92 77
Fax 07729 / 91 93 87

 Ruhetag: Donnerstag
Freitag bis Mittwoch von 9:30 bis 24 Uhr geöffnet
<u>Betriebsferien</u>: Herbstferien BaWü

 Durchgehend warme Küche von 11:30 bis 22 Uhr
Gut bürgerliche deutsche Küche

 **Tennenbronn:** Vor Ortsausgang in Richtung Schramberg fahren. An der Abzweigung Zum Schwimmbad, links in die Affentälestrasse (Hws. GHS. AUERHAHN) einbiegen. Auf der Affentälestrasse bergwärts bis zur Anhöhe AUF DER ECKE. Hier links und noch 400 m bis zum Ghs. Auerhahn. Siehe Skizze, rechte Seite.

VARIANTE **Lauterbach:** Von der Anhöhe Fohrenbühl kommend am Ortseingang Lauterbach, an der Zimmerei Rapp, rechts einbiegen. Nach 300 m (Hws. TENNENBRONN) links, steil den Berg hinauf, bis zur Abzwg. Reibehof. Hier links in den Wald fahren und nach 300 m gleich wieder links. Auf geteertem Waldsträßchen 1,6 km direkt zum Ghs. Auerhahn.

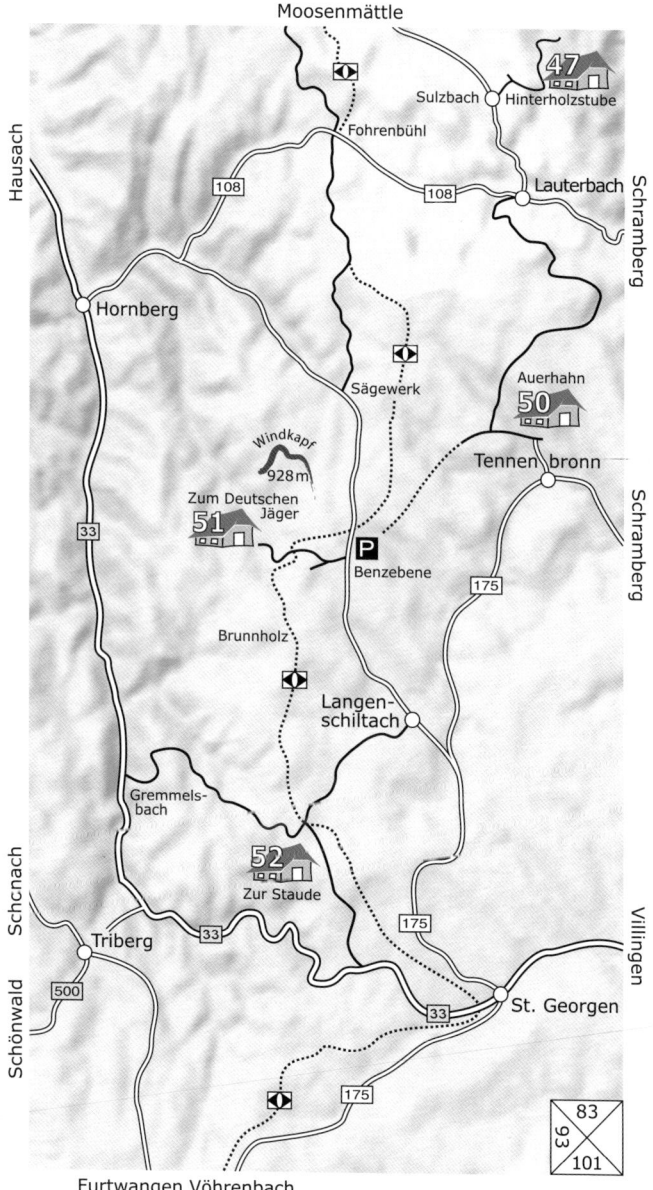

Moosenmättle

Hausach

Sulzbach · Hinterholzstube **47**

Fohrenbühl

108

108

Lauterbach

Schramberg

Hornberg

Sägewerk

Auerhahn

**50**

Tennenbronn

Schramberg

Windkapf
928 m

Zum Deutschen Jäger
**51**

P
Benzebene

175

Brunnholz

Langen-
schiltach

175

Villingen

33

Gremmels-
bach

**52**
Zur Staude

175

Schcnach

Triberg

33

Schönwald

500

33

St. Georgen

175

| 83 |
|----|
| 93 |
| 101 |

Furtwangen Vöhrenbach

# Zum Deutschen Jäger 928 m

78132 Hornberg - Reichenbach
☎ 07833 / 61 44
Fax 07833 / 84 16

www.windkapf.de

Täglich ab 10 Uhr geöffnet
Ruhetag: Donnerstag, Mittwoch ab 16 Uhr geschlossen
Ist der Do. ein Feiertag, ist Mi. geschl. und am Do. dafür geöffnet.
<u>Betriebsferien</u>: 1 Woche nach Pfingsten
und Mitte/Ende November für 3 Wochen

Täglich wechselndes Tagesessen.
Durchgehend kalte und warme Gerichte.
Bratwurst mit Kartoffelsalat,
Wild, Wurst- und Kartoffelsalat selbstgemacht
Vegetarisches Essen

5 DZ, ein Dreibettzimmer
Alle Zimmer mit Dusche/WC + SAT/TV

Von St. Georgen fahren Sie 2,5 km in Richtung Schramberg bis zur
Abzweigung Hornberg. Hier biegen Sie links ab, fahren an Langen-
schiltach vorbei und sehen nach 2 km an der rechten Straßenseite den
Wanderparkplatz Benzebene. Hier biegen Sie links ab und erreichen
nach weiteren 700 m die Bergwirtschaft Zum Deutschen Jäger. Am
Mittelweg (Pforzheim - Basel) gelegen. Siehe Skizze, S. 89.

Mittelweg - Teilstrecke:
Windkapf - Furtwangen ca. 29 km

Seit 1905 wird in der vierten Generation gewirtet.

 **Zur Staude** 889 m

78098  Triberg-Gremmelsbach
☎  07722 / 48 02
Fax  07722 / 2 10 18

www.gasthaus-staude.de

 Ruhetag: Dienstag
Täglich ab 9 Uhr geöffnet
<u>Betriebsferien</u>: November

 Warme Küche von 12 – 14 Uhr und ab 17.30 Uhr
Durchgehend Vesperkarte
Forelle aus heimischem Gewässer
Wild aus heimischen Wäldern

 1 EZ und 12 DZ alle mit Dusche/WC
Sauna & Solarium

 Von St. Georgen fahren Sie auf der B 33 in Richtung Triberg. Nach 3 km
biegen Sie auf der Anhöhe, bevor es nach Triberg bergab geht, rechts
ab und erreichen nach weiteren 3,5 km auf ebener Fahrstraße die Bergwirtschaft Zur Staude. Siehe Skizze, S. 89.

**VARIANTE**  Hinter der Bergwirtschaft Zur Staude fahren Sie zur B 33 / nach Triberg-
Gremmelsbach links den Berg hinunter. Nach St. Georgen-Langenschil-
tach fahren Sie auf dem Fahrsträßchen weiter geradeaus.

 Mittelweg - Teilstrecke:
Staude - Furtwangen ca. 24 km

 **Silberberg** 1.005 m

78136 Schonach
☎ 07722 / 65 64

www.fischer-silberberg.de

 Ganzjährig geöffnet, täglich ab 11 Uhr
Kein Ruhetag

 Hausmacher Vesper, Wurstsalat
Kuchen aus eigener Herstellung

 2 DZ, Dusche/WC auf der Etage,

 1 FeWo *** für 2 bis 4 Personen + Zusatzbett, Nichtraucher,

 Von Schonach in Richtung Elzach / Oberprechtal. Ab Ortsausgang, an der zweiten Straßeneinmündung (großes Hinweisschild), rechts einbiegen. Nach 250 m an der kommenden Rechtskurve (Hws. Silberberg) geradeaus. Auf dem Gummelenweg, am Pt. Gummele vorbei, bis zur Anhöhe. Von hier, 250 m, rechts auf dem Fahrweg den Berg hinunter zur Vesperstube Silberberg. Siehe Skizze, rechte Seite u. S. 63.

 Ab Wanderparkplatz Wilhelmshöhe (975 m) gehen Sie rechts am Ghs. Wilhelmshöhe vorbei. Sie folgen der Markierung Rote Raute (Westweg) und gehen auf dem Lukas-Kurner-Weg über Pt. Haseneck und Pt. Gummele zur Vesperstube Silberberg. Weglänge ca. 1,2 km.

 Langlaufloipe direkt am Haus.

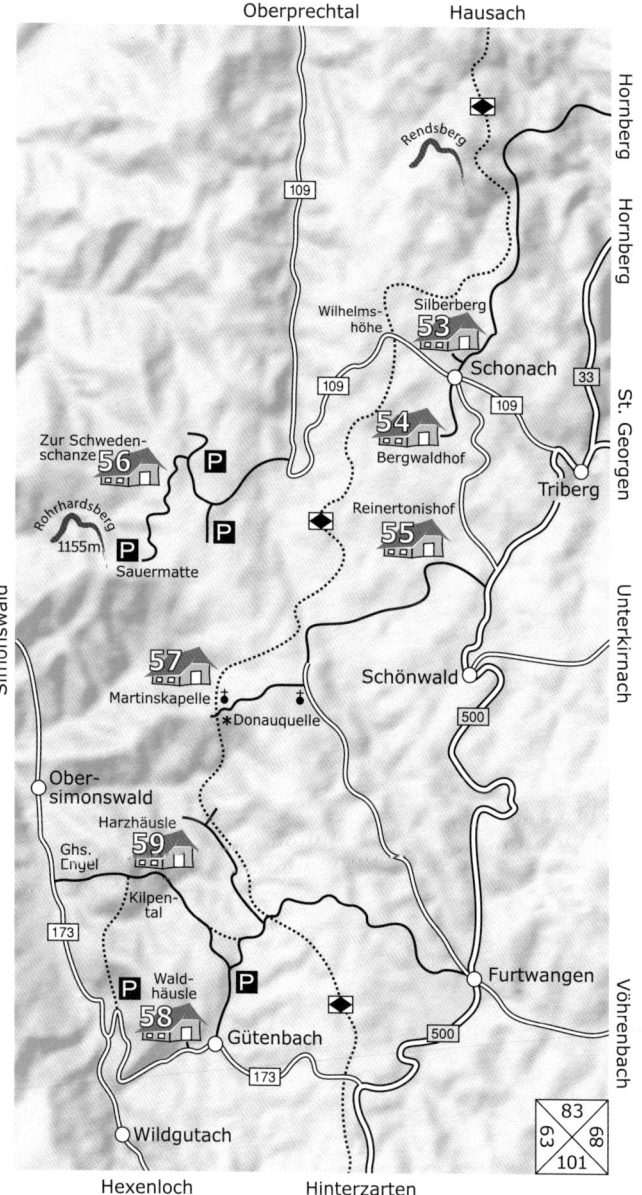

Oberprechtal Hausach

Rendsberg

Hornberg

Hornberg

109

Wilhelms-höhe

Silberberg

53

Schonach

33

109

St. Georgen

54

Bergwaldhof

109

Zur Schweden-schanze

56

P

Reinertonishof

Triberg

Rohrhardsberg

1155m

P

P

55

Sauermatte

Unterkirnach

Simonswald

57

Martinskapelle

Schönwald

*Donauquelle

500

Ober-simonswald

Harzhäusle

59

Ghs. Engel

Kilpen-tal

173

Waldhäusle

P

P

58

Gütenbach

Furtwangen

Vöhrenbach

500

173

Wildgutach

Hexenloch Hinterzarten

83
63 68
101

 **Bergwaldhof** 947 m

78136 Schonach
☎ 07722 / 65 88
Fax 07722 / 65 89

www.bergwaldhof-schonach.com

 Ruhetag: Montag (Feiertage offen)
Täglich ab 11:30 Uhr geöffnet.

 Warme Küche von 11:30 Uhr bis 14 Uhr und ab 18 Uhr
Vegetarische und saisonale Gerichte, Kässpätzle

 2 DZ mit Dusche/WC
2 DZ Dusche/WC auf der Etage

 1 FeWo für 2 Pers. + Zusatzbett,
1 FeWo für 4 Pers. + Zusatzbett

 Schonach - Ortsmitte, Haus des Gastes. An der Sparkasse in die Salzgasse einbiegen und nach 20 m (Hws. Bergwaldhof) scharf links den Berg hinauf. Nach 800 m erreichen Sie die Bergwirtschaft Bergwaldhof. S. Skizze, S. 93.

BLINDENSEE - Rundweg (60 Min.) Ab Bergwaldhof bis zum Punkt (Pt.) Skistadion Wittenbach. Weiter zum Pt. Hohlenbacherhöhe - Pt. Blindenhof Nord - Pt. Blindenhof Süd. Zum Pt. Blindensee gehen Sie durch das Naturschutzgebiet auf einem Bohlensteg und Moorpfad. Ab Pt. Blindenhöhe (Wanderparkplatz) gehen Sie rechts, 500 m durch den Wald, zum Pt. Hohlenbacherhöhe und zurück zum Bergwaldhof.

 **Reinertonishof** 940 m

78141 Schönwald
☎ 07722 / 25 05
Fax 07722 / 92 02 08

www.reinertonishof.de

  Ruhetag: Montag u. Dienstag
Mittwoch bis Sonntag u. Feiertage von 11 bis 20 Uhr geöffnet

 Durchgehend Vesperküche (warm u. kalt)
Schinken, Speck und Rauchwurst aus eigenem Rauch,
Fleisch vom Rind aus eigener Aufzucht.

 Selbstvermarkterhof
Destillate aus eigener Hausbrennerei

 Ferienhaus Schwarzwaldmühle: 2 - 4 Personen
Ferienhaus Reinertonishof: 2 - 8 Personen

 Von Schönwald in Richtung Triberg. 2 km hinter Schönwald, bei dem
kleinen Stausee, an der ersten Abzweigung links einbiegen und nach
500 m, am Hws. REINERTONISHOF, rechts ab. Nach weiteren 100 m
erreichen Sie den Reinertonishof. Siehe Skizze S. 93 u. S. 101.

**VARIANTE** Von Furtwangen durch das Katzensteigtal. An der Abzweigung Donauquelle vorbei, in Richtung Furtwängle bis zur Anhöhe. Auf der Anhöhe
dem Fahrsträßchen folgen und direkt zum Reinertonishof.

 Freizeitreiten für Kinder und junge Erwachsene (jeden Alters) für An-
fänger und Fortgeschrittene.
Kutschfahrten im Sommer - Schlittenfahrten im Winter.

 **Zur Schwedenschanze** 1.145 m

78136 Schonach
☎ 07683 / 2 63

www.schaenzle.com

<u>Weihnachten bis Ostern</u>
Ruhetag: Montag
Täglich ab 12 Uhr geöffnet
<u>1. Mai – Weihnachten</u>
nur Samstag, Sonn- und Feiertag geöffnet
<u>Betriebsferien</u>: April

Von Schonach fahren Sie auf der L 109 in Richtung Oberprechtal /
Elzach. Ab Wilhelmshöhe fahren Sie 2 km und biegen hinter der scharfen
Rechtskurve an der Bushaltestelle links ab. Sie fahren den Berg hinauf
und stellen Ihr Fahrzeug nach 3,5 km auf dem Wanderparkplatz Farn-
wald ab.
Sie folgen ab hier den Hinweisschildern Schwedenschanze / Rohrhardsberg und erreichen in 0.45 Uhr die Bergwirtschaft Zur Schweden-
schanze. Siehe Skizze, rechte Seite u. S. 93 u. S. 63.

*(i)* **SCHANZE ROHRHARDSBERG** - Auf dem Gipfel gegenüber dem Sender.
Nicht aus der Zeit des Dreißigjährigen Krieges (1618 - 1648), den man im
Volksmund auch den Schwedenkrieg nannte, stammt die Schanze auf dem
Rohrhardsberg. Diese ist vielmehr in ihrer Hauptanlageweise aus dem Spa-
nischen Erbfolgekrieg (1701-1714), angelegt worden.
Die Schanze auf dem Rohrhardsberg wurde in den Jahren 1701-1703 in
dem heute noch erkennbaren Umfang angelegt. Als Teil der großen Mark-
grafenbefestigung im Schwarzwald, unter Leitung des Feldherrn Ludwig
Wilhelm von Baden (Türkenlouis).

 **Martinskapelle** 1.111 m

78120 Furtwangen
☎ 07723 / 78 87  www.martinskapelle.de

Ruhetag: Montag und Dienstag (feiertags offen)
Mittwoch bis Sonntag von 10 bis 19:30 Uhr geöffnet
<u>Betriebsferien</u>: 20. November bis 20. Dezember

 Durchgehend Küche von 11:30 bis 19:30 Uhr
Täglich wechselndes Tagesessen
Produkte von heimischen Erzeugern

 Doppelzimmer, Etagenbettzimmer und Matratzenlager
Alle Zimmer mit Waschbecken, Dusche/WC auf der Etage

 Von der Anhöhe Neueck kommend durchfahren Sie Furtwangen auf der
Hauptgeschäftsstraße (Wilhelm- / Bismarckstraße) in Richtung Schönwald.
Hinter dem Stadtzentrum folgen Sie der Beschilderung Katzensteig /
Donauquelle / Martinskapelle. Am Ende der Katzensteigstraße an der
Kapelle links 2,5 km bergwärts. Hinter dem Ghs. Kolmenhof noch 100 m
zur Bergwirtschaft Martinskapelle. Siehe Skizze, S. 93.

*i* **St. Martinskapelle:** Die nahegelegene St. Martinskapelle liegt an einer
alten Passstraße auf der Höhe der Wasserscheide Donau - Rhein. Gra-
bungsbefunde lassen die Annahme zu, dass hier bereits um 800 (n. Chr.)
ein Sakralbau gestanden hat.
**Donauquelle:** Zugang beim Ghs. Kolmenhof

 **Waldhäusle** 865 m

78148 Gütenbach
☎ 07723 / 24 63
Fax 07723 / 50 39 38

www.waldhäusle.de
www.vesperstube-waldhäusle.de

 Kein Ruhetag
Montag, Mittwoch, Freitag bis Sonntag
u. Feiertag ab 10 Uhr,
Dienstag u. Donnerstag ab 13 Uhr geöffnet

 Vesper durchgehend warm u. kalt. Empfehlung: Lammsalami
oder gemischte Hausmacher Vesperplatte für 2 Personen.
Fleisch- u. Wurstwaren, Speck u. Schinken von Tieren aus eig. Hofhaltung
Sonn- und Feiertag warmer Mittagstisch von 12 bis 14 h

 2 DZ mit Dusche/WC
1 DZ mit Dusche/Bad/WC auf der Etage.

 1 FeWo für 2-4 Personen
1 FeWo für 2-3 Personen

 Sie fahren durch das Simonswäldertal in Richtung Furtwangen. Die kur-
venreiche Strecke führt ständig bergauf. Bei den ersten Häusern vor
Gütenbach biegen Sie in der rechtsverlaufenden Haarnadelkurve (Hws.)
zur Bergvesperstube Waldhäusle links ab. Siehe Skizze, S. 93.

Ab Waldhäusle links am Berg vorbei zum Rabenfelsen (schöne Aussicht
ins Simonswäldertal). Wanderzeichen roter Ring, 20 Min.
Ab Gütenbach-Friedhof gehen Sie links bis zum Waldrand (Sommer-
bergstraße). Hier gehen Sie 75 m bergwärts, anschließend ebener
Waldweg und vom Waldrand abwärts zur Vesperstube. W-zeit 30 Min.

# **Harzhäusle** Im Kilpental 725 m

78148  Gütenbach-Kilpental
Tel./Fax: 07723 / 16 13
Mobil:  0174 / 172 61 89

www.vesperstueble-harzhaeusle.de

Karfreitag bis Mitte November
Ruhetag: Montag bis Donnerstag
Freitag ab 16 Uhr, Samstag, Sonn- u. Feiertag ab 10 Uhr,
unter der Woche für Gruppen nach Voranmeldung geöffnet.

Kleine warme Gerichte
Hausmacher Vesper, Salate mit heimischen Wildkräutern u. -blüten
verfeinert und garniert.
Mitte November: Schlachtplatte

Sie fahren durch das Simonswäldertal in Richtung Furtwangen. Oberhalb
von Obersimonswald, hinter der Abzweigung Wild Gutach fahren Sie in der
scharfen Rechtskurve links auf den Herrengarten Parkplatz (650 m ü. NN)
Ab hier, auf fast ebenem Waldweg, gehen Sie auf dem Herrengartenweg
3,5 km parallel zum Berg bis zur Brücke über den Kilpenbach. Hinter der
Brücke gehen Sie rechts den Weg hinauf und erreichen nach 350 m das
Harzhäusle. Siehe Skizze, S. 93.

Bauernhof mit alten Haus- und Nutztierrassen. Die Vielfalt landwirtschaft-
licher Nutztierrassen ist akut bedroht. In Deutschland stehen ca. 90 Rassen
auf der „Roten Liste".
Wer kennt noch die Sundheimer Hühner, den Schwarzwälder Fuchs oder
Fuchsschafe? Ziegen- und Freiland-Schweinehaltung.

 **Stöcklewaldturm** Wanderheim 1.069 m

78120 Furtwangen - Rohrbach
☎ 07722 / 41 67 www.stoecklewaldturm.de

 <u>April bis Oktober</u>: Ruhetag Dienstag
täglich von 10 bis 20 Uhr geöffnet
<u>November bis März</u>: Ruhetag Montag und Dienstag
täglich von 11 bis 19 Uhr geöffnet
<u>Betriebsferien</u>: 2 Wochen im Frühjahr, 3 Wochen im Herbst

 Durchgehend kalte Küche mit Schwarzwälder Vesper,
Vesperplatte Stöcklewald mit Brot, selbstgemachte Kuchen

2 Mehrbettzimmer, 1x5 Pers., 1x7 Pers.
Dusche/WC auf der Etage

 Von Schönwald fahren Sie 5 km auf der K 5728 in Richtung Unterkirnach. 500 m hinter der Abzweigung Triberg sehen Sie an beiden Stras-
senseiten je einen Wanderparkplatz. Sie stellen Ihr Fahrzeug auf dem
rechten Parkplatz (Hws. Stöcklewald) ab und erreichen nach 20 Min. das
Wanderheim Stöcklewaldturm. Siehe Skizze, rechte Seite.

Zur Hubertuskapelle:
Vom Stöcklewaldturm auf
dem Mittelweg (rote Rau-
te mit weißem Strich) in
Richtung Fohrenbühl.
Am Pt. Hinteres Stöckle
rechts zur Hubertuskapelle
und der naheliegenden Gu-
tachquelle.
Wanderzeit 30 Min.

Teilstrecke am Mittelweg
gelegen.

In nördl. Richtung nach
St. Georgen 10 km, Höhen-
unterschied 207 m.
In südl. Richtung nach
Furtwangen 8 km, Höhen-
unterschied 197 m.

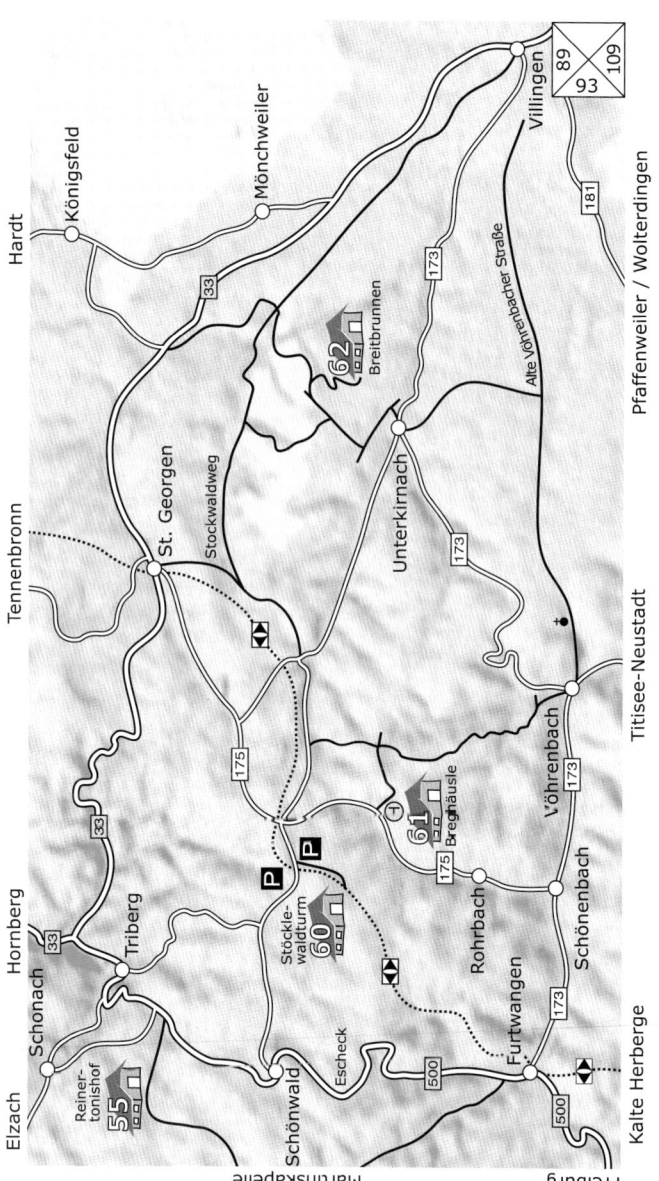

 **61 Breghäusle** 1.006 m

78147 Vöhrenbach
☎ 07727 / 322

Ruhetag: Montag
Täglich ab 10 Uhr geöffnet

Warme Küche von 12 - 13.30 Uhr
Vesperkarte durchgehend

Hausteller
Täglich echselnde Mittagskarte
Selbstgemachte Bratwurst warm und kalt

In Vöhrenbach am Rathaus fahren Sie auf der Villinger Straße in Richtung Unterkirnach. Nach ca. 400 m am Sportplatz / Festhalle biegen Sie von der Villinger Straße links ab in die Langenbacher Straße. Am Ende der Langenbacher Straße fahren Sie rechts über die kleine Brücke und gleich dahinter biegen Sie links ab in die Bregstraße. Sie fahren auf der Bregstraße bergwärts und erreichen nach ca. 3 km die Bergwirtschaft Breghäusle. Siehe Skizze, 101.

VARIANTE Ab Breghäusle haben Sie die Möglichkeit zur Verbindungsstraße Vöhrenbach - St. Georgen bzw. Unterkirnach - Schönwald zu fahren.

 **Breitbrunnen** 890 m

78089 Unterkirnach
☎ 07721 / 998 16 94 www.gasthaus-breitbrunnen.de

Ruhetag: Donnerstag (außer Feiertage)
Montag bis Mittwoch, Freitag bis Sonn- und Feiertage
täglich von 11 bis 22 Uhr geöffnet

 Hausgemachte Spezialitäten aus der Region,
selbstgebackene Kuchen und Torten

 In Unterkirnach fahren Sie von der Talstraße in den Stadthofweg. Sie
fahren bergwärts, an der Wohnanlage Hapimag vorbei, bis auf die Anhöhe Moosloch. Ab hier fahren Sie auf dem Mooslochweg 1,5 km bis
zur Abzweigung Breitbrunnen - Gasthaus. Hier fahren Sie geradeaus
weiter und erreichen nach 500 m die Bergwirtschaft Breitbrunnen.
Siehe Skizze, S. 101.

 **DER BREITBRUNNEN**
Dieses Haus wurde durch Bapist u. Maria Neugart 1843 erbaut. Um
die Wende des 19./20. Jahrhunderts erwarb die Stadt Villingen das
Haus. Es diente der Stadt als Forsthaus und der Verkauf von Flaschen-
bier wurde geduldet. Der Verzehr von Speisen und Getränken wird erst
seit 1976, nach Umbau, in der heutigen Form betrieben.
Im 11. Jahrhundert war der Breitbrunnen womöglich ein Verbannungs-
ort eines unangenehmen Bürgers der Stadt Villingen.

 Kinderfreundlich geführtes Haus (3 Wichtel).

 **Plattenhof** 985 m

79271 St. Peter
☎ 07660 / 864
Fax 07660 / 92 04 43

www.plattenhof-ferienwohnung.de

 <u>Mai bis Oktober</u>
Ruhetag: Montag und Dienstag
Täglich ab 11 Uhr geöffnet
<u>November bis April</u>
nur Freitag, Samstag, Sonn- und Feiertag geöffnet

 Streichelzoo

 Durchgehend warme Küche von 12 bis 20 Uhr
Bauernbratwurst mit Sauerkraut und Bratkartoffeln

 Hofschlachterei
mit Direktvermarktung

 FeWo im Leibgeding-Haus
Whg. Nr. 1 Gr. Wohnzimmer mit Küchenzeile,
2 Schlafzimmer, Du/WC, Balkon, ca. 64 qm
Whg. Nr. 2 Gr. Wohnzimmer mit Küchenzeile,
1 Schlafzimmer, Du/WC, Balkon, ca. 48 qm

 Von Stegen kommend fahren Sie in St. Peter unter der Straßenbrücke
(L 127, Waldkirch - St. Märgen) durch und gleich danach rechts ab und
nach 100 m wieder links. Ab hier fahren Sie 3 km bergwärts überqueren den Wanderparkplatz POTSDAMER PLATZ und erreichen nach
weiteren 2 km die Vesperstube Plattenhof. Siehe Skizze, rechte Seite.

 Ab Plattenhof folgen Sie dem Fahrsträßchen, 850 m, bis zum Waldrand
(Bannwald). Hier rechts, 15 Min. Abstieg zum **Zweribach Wasserfall**.

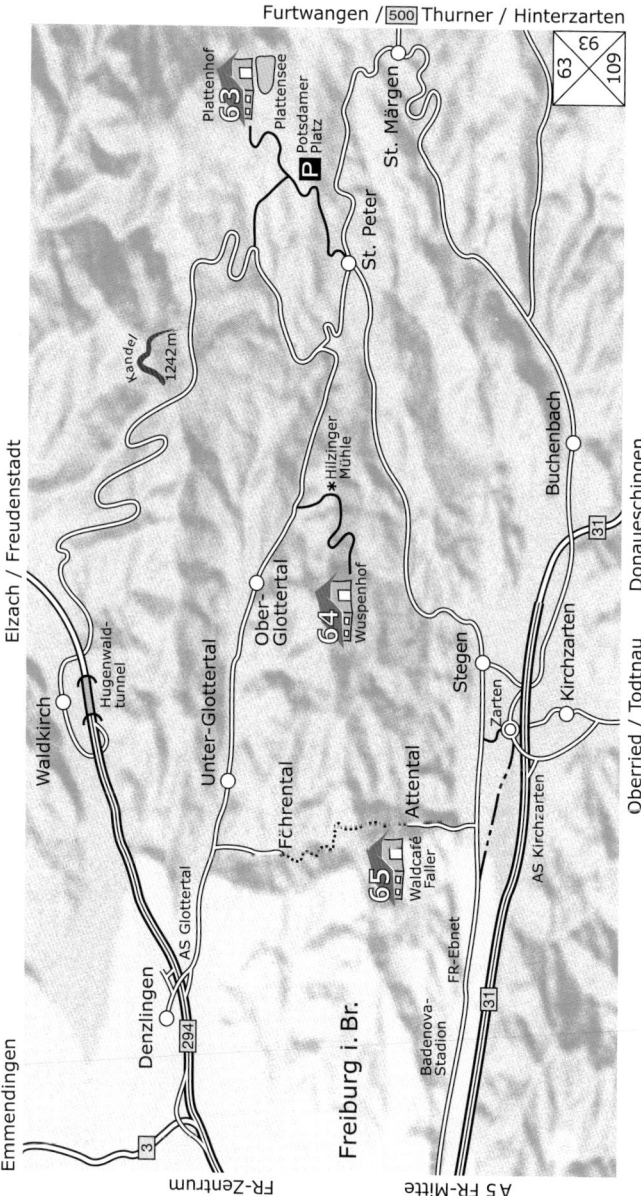

# 64 Wuspenhof

660 m

79286 Glottertal
☎ 07684 / 441

Kein Ruhetag
Ganzjährig, täglich ab 10 Uhr geöffnet

Kleine Vespergerichte
Serviert werden nur Erzeugnisse aus eigener Produktion

2 DZ mit fl. warm u. kalt Wasser
Dusche und WC auf der Etage

Von Glottertal in Richtung St. Peter. Hinter Oberglottertal (links Sägewerk) biegen Sie am Hws. WUSPENHOF / HILZINGER MÜHLE rechts in den
Forstweg ab. Bei der Hilzinger Mühle ( 436 m) stellen Sie ihr Fahrzeug ab
u. folgen dem Weg bis zum Punkt (Pt.) Holzplatz (460 m).
Ab Holzplatz, halblinks, auf den Kunkler Weg - steil aufwärts bis Pt. Kunklerwald (523 m, Weglänge 1,2 Km). Ab Pt. Kunklerwald > Pt. Wuspenhof 3 Km, zuerst wenige Meter steil und anschließend auf ebenem Weg
mit geringer Steigung zur Bergvesperstube Wuspenhof (660 m).
Siehe Skizze, S. 105.

VARIANTE Von St. Peter über Lindlehöhe - Wuspenhof ins Glottertal
Gehzeit: ca. 3,5 Std., Länge: 11 km
Vom Parkplatz - auf der Passhöhe vor St. Peter - auf dem Kandelhöhenweg (Markierung weißes „K" in roter Raute) in Richtung Hornhof (782 m).
Ab Pt. Hornhof (Markierung gelbe Raute) über Pt. Lindlehöhe (840 m,
sehr schöne Aussicht) zum Pt. Wuspeneck (785 m) - hier Abstieg (1,6 km)
zum Wuspenhof (655 m). Anschl. Wuspenhof - Glottertal 5 km.

 **Wald-Café Faller** 435 m

79252   Stegen-Attental
☎ 07661 / 6 11 01
Fax  07661 / 6 18 08

www.dreisamtal.de

Behindertengerechte Gaststube / WC
Ruhetag: Montag u. Dienstag
Täglich ab 9 Uhr geöffnet
<u>Betriebsferien</u>: nach Weihnachten

Warme Küche von 12 bis 14 Uhr und ab 17 Uhr
Steak-Variationen, wechselnde Tageskarte
Durchgehend kleine warme Gerichte
Wandervesper mit selbstgebackenem Holzofenbrot
Kuchen und Torten aus eigener Herstellung

2 DZ mit Dusche/WC

Von Freiburg auf der B 31 in Richtung Donaueschingen.
In Freiburg, hinter der Brauerei Ganter (linke Straßenseite) und vor der
Tunneleinfahrt links abbiegen. Auf der Schwarzwaldstrasse immer geradeaus, am Badenova Stadion vorbei, bis FR-Ebnet und weiter in Richtung
Stegen. 2,5 Km hinter FR-Ebnet an der Abzweigung Attental links einbiegen und bis ins Hintertal fahren. Das Wald-Café Faller befindet sich
an der linken Straßenseite, Attentalstr. 7. Siehe Skizze, S. 105.

Zur Schlangenkapelle (540m ü.M.) 2,5 km. Vom Wald-Café Faller
(gelbe Raute) durch das Hintertal zum Höhenkamm zwischen Attental
und Wittental. Innerhalb des vergitterten Altarraumes steht eine Ma-
donnenfigur auf einem Globus, der von einer Schlange umwunden ist.

 **Höfener Hütte** 980 m

79256 Falkensteig
☎ 07661 / 33 24 www.hoefener-huette.de

1. Mai bis 1. November
Kein Ruhetag, täglich ab 11 Uhr geöffnet
Gesellschaften jeglicher Art auf Anfrage

Warme Küche von 11 bis 15 Uhr und von 17 bis 20 Uhr
BIO zertifizierte Gastronomie
Regionale Spezialitäten von heimischen Erzeugern

Von Freiburg auf der B 31 in Richtung Hinterzarten. In Falkensteig, hinter
dem Antiquitätengeschäft, fahren Sie zur Höfner Hütte am Hinweisschild
rechts ab. Sie fahren ab hier die ersten 500 m auf asphaltiertem Weg
bergauf und erreichen nach weiteren 4 km auf unbefestigtem Waldweg
die Bergwirtschaft Höfner Hütte. Siehe Skizze, rechte Seite.

Wenn Sie vom Parkplatz auf die Höfener Hütte schauen gehen Sie vor
dem Haus, links  den langgezogen leicht ansteigenden Weg entlang
direkt bis zum Häusleberg (1.001m), schöne Aussicht auf das Dreisamtal.
Wanderzeit 10 Minuten.
Gegenüber der Höfener Hütte gehen Sie den Pfad hinauf und erreichen
auf ständig ansteigendem Weg den Hinterwaldkopf (1.198 m). Auf dem
Hinterwaldkopf, mit schöner Rundumsicht, befindet sich ein im Jahre
1928 erbautes Ehrenmal der Turnerschaft Freiburg welches an die
Gefallenen des 1. Weltkrieges (1914 - 18) erinnern soll.

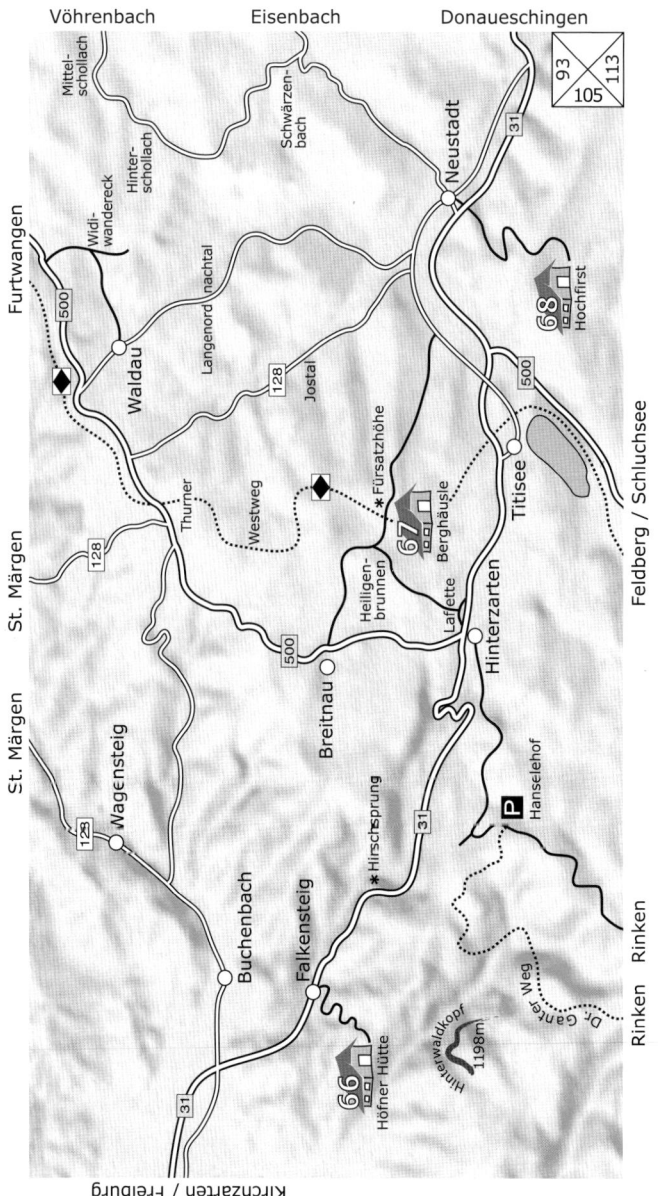

Vöhrenbach · Eisenbach · Donaueschingen

Furtwangen

St. Märgen

St. Märgen

Feldberg / Schluchsee

Rinken · Rinken

Rinken

Kirchzarten / Freiburg

Mittel-schollach
Hinter-schollach
Schwärzen-bach
Neustadt
31
93 / 113
105
Hochfirst
68
Widli-wandereck
Langenord nachtal
Waldau
500
128
Jostal
Fürsatzhöhe
500
Titisee
Westweg
Thurner
Berghäusle
67
Heiligen-brunnen
Lafette
Hinterzarten
500
Breitnau
Wagensteig
31
Hirschsprung
Hanslehof
P
128
Buchenbach
Falkensteig
Dr. Ganter Weg
Himmelwaldkopf
1198m
66
Höfner Hütte
31

 **Berghäusle** 1.050 m

79822 Titisee - Neustadt
☎ 07652 / 98 20 65    www.schwarzwaldverein-freiburg.de
Fax  07652 / 91 92 35

 Ruhetag: Donnerstag
Täglich ab 10 Uhr geöffnet

 Durchgehend warme Küche
Täglich wechselndes Tagesessen
Vesperkarte, hausgemachte Bratwurst
Schwarzwälder Kirschtorte (eigene Herstellung)

 2 Matratzenlager 12/13 Personen, 2 DZ mit Du/WC,
1 DZ mit Waschgelegenheit, 1 Vierbettzimmer mit Waschgelegenheit

Oberhalb von Hinterzarten ab Hotel Lafette (abseits von der B 31
gelegen) fahren Sie auf dem Waldsträsschen ca. 3 km bergwärts bis
zur Kapelle Heiligenbrunnen. An der Kapelle Heiligenbrunnen biegen
Sie rechts ab und folgen dem Hinweisschild Wanderheim BERGHÄUSLE.
Auf geteertem Waldweg, leicht ansteigend, erreichen Sie nach 300 m
die Bergvesperstube Berghäusle. Siehe Skizze, S. 109.

Direkt am Westweg gelegen. Zur Fürsatzhöhe (1.071 m) sind es 10 Min.
Fußmarsch. Die Fürsatzhöhe ist Zwischenstop von der Teilstrecke Westweg Turner (nördl. 2 Std.) und Titisee (südl. 1 Std.).

# 68 Hochfirst

1.190 m

79822 Titisee - Neustadt
☎ 07651 / 75 75
Fax 07651 / 97 24 33

www.berggasthaushochfirst.de

 Ruhetag: Dienstag
<u>Mai - Oktober</u>
Dienstags bis 16 Uhr geöffnet
Täglich ab 10 Uhr, im Winter ab 11 Uhr geöffnet
<u>November u. Dezember</u>
Nur sonntags von 11 bis 18 Uhr geöffnet

 Durchgehend warme Küche
Schwabenteller, hausgem. Flammkuchen, saisonale Gerichte,
Schwarzwälder Bergvesper, Schwarzwälder Kirschtorte

 4 DZ und 1 Vierbett-Zimmer
Dusche/WC auf der Etage

Am Bahnhof in Neustadt überqueren Sie die Bahngleise und fahren auf
der Saigerstraße den Berg hinauf. Nach 4,5 km erreichen Sie die Bergwirtschaft Hochfirst. Siehe Skizze, S. 109.

Vom Hochfirst auf dem Höhenkammweg (Markierung Mittelweg und
Querweg Freiburg - Bodensee) 2 km zum Vögelefelsen (unweit der Batzen-
waldhütte), eine Granitfelsgruppe mit der typischen Wollsackverwitterung
(kantengerundete Gesteinsblöcke).

28 Meter hohe Eisenkonstruktion. 1890 erbaut, 1999 komplett saniert.

 # Erlenbacher Hütte 1.100 m

79254 Oberried
☎ 07661 / 45 18
Fax 07661 / 98 86 83

www.erlenbacher-huette.de

Ruhetag: Montag
Täglich von 10 bis 22 Uhr geöffnet
<u>Betriebsferien</u>: 3 Wochen im November

Durchgehend warme Küche
Schnitzel od. Bratwurst mit Brägele (Bratkartoffeln)
Badischer Teller - Bibiliskäs mit Wurstsalat u. Brägele.

Von Kirchzarten kommend fahren Sie in Oberried hinter der ab-
knickenden Vorfahrtsstraße (Richtung Zastler / Stollenbach) nach 50 m
rechts ab. Ab hier fahren Sie 8 km auf asphaltierter Bergstraße bis zur
Anhöhe Erlenbacher Weide und weiter 300 m den Berg hinunter zur
Bergwirtschaft Erlenbacher Hütte. Siehe Skizze, rechte Seite.

Weidelehrpfad Erlenbach. Länge: 2 km. Informationen über Leistungen
und landwirtschaftliche Bedeutung einer bewirtschafteten Hochweide im
Schwarzwald. Ausgangspunkt: Bergvesperstube Erlenbacher Hütte.

1. Samstag im Oktober trad. Viehabtrieb nach Oberried, ca. 2 Std.
Im Jahre 1736 kauften 12 „ehrbare, bescheidene, liebe und getreue
Unterthanen und Bauern" aus Kirchzarten, Oberried, Weilersbach und
Zastler den Erlenbach „samt dazugehörigen Wälder und Waydt". Bis
heute betreut und überwacht der „Herder" das Vieh und die Weiden.
Jährlich werden bis zu 120 Stück Jungvieh aufgetieben.

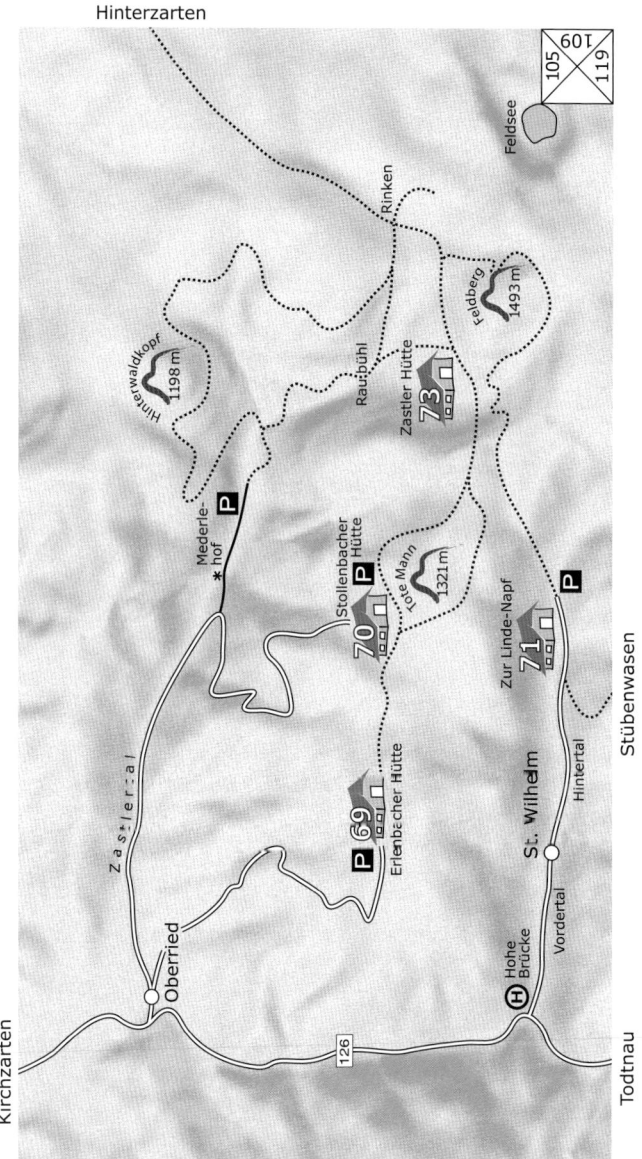

Hinterzarten

Kirchzarten

Todtnau

Stübenwasen

Feldsee

105 | 601
119

Rinken

Feldberg
1493 m

Hinterwaldkopf
1198 m

Raußühl

Zastler Hütte
**73**

Mederle-
hof

Stollenbacher
Hütte
**70**

rote Mann
1321 m

Zur Linde-Napf
**71**

Z a s t e r t a l

Erlenbacher Hütte
**69**

Hintertal

Vordertal

St. Wilhelm

Hohe
Brücke

Oberried

126

 **Stollenbacher Hütte** 1.092 m

79254 Oberried-Zastler
☎ 07661 / 45 19     www.stollenbacherhuette.de

Ruhetag: Mittwoch
Donnerstag bis Dienstag täglich ab 11 Uhr geöffnet

Durchgehend warme Küche
Verarbeitet werden Erzeugnisse aus der Region,
teilweise aus eigener Tierhaltung
Selbstgebackener Kuchen

2 DZ, 1 Familienzimmer für 4 Personen
Matratzenlager bis 13 Personen
Alle Zimmer mit fließend warm/kalt Wasser
Dusche/WC auf der Etage

Von Oberried fahren Sie durch das Zastler Tal bis zur Abzweigung Stollenbach (Hinweisschild). Hier biegen Sie rechts ab, fahren den Berg hinauf und erreichen nach 6 km die Bergwirtschaft Stollenbacher Hof. Siehe Skizze, S. 113.

Idealer Ausgangspunkt für Wanderungen,
Bike- und Skitouren, Skilift.
Zielwanderung zum Feldberg 2 1/2 Std.

*i*

Oberhalb der Stollenbacher Hütte befindet sich der Naturfriedhof „RUHEBERG„, errichtet und eingeweiht 2006. Auskunft Gemeinde Oberried.

  **Zur Linde - Napf** 828 m

79254  Oberried - St. Wilhelm
☎   07602 / 94 46 90                                     www.linde-napf.de

Ruhetag: Dienstag und Mittwoch
Täglich ab 11:30 Uhr geöffnet

Warme Küche von 12 bis 14 Uhr und ab 18 Uhr
Durchgehend Vesper warm und kalt
Forelle aus heimischem Gewässer, Rumpsteak und saisonale Salate
Selbstgemachter Kuchen (Käsekuchen)

3 Komfort-FeWo **** bis 4 Personen

Von Oberried in Richtung Todtnau-Scheuinsland. 3,5 km hinter Oberried
an der Bushaltestelle Hohe Brücke biegen Sie nach St. Wilhelm links ab.
Sie fahren 4 km durch das St. Wilhelmer Tal bis ans Ende der Fahrstraße
direkt zur Bergwirtschaft Zur Linde-Napf. Siehe Skizze, S. 113.

Wilhelmitenpfad – Von der Bushaltestelle Hohe Brücke (s.o.) auf den
Wilhelmitenpfad durch das St. Wilhelmer Tal bis ans Talende zum Gasthaus Zur Linde - Napf. Wanderzeit 1:15 Std.

**Wilhelmiten Kloster**  St. Wilhelm (erbaut 1237) wurde 1682 das halb-
zerfallene Kloster von französischen Truppen gänzlich verbrannt.

# Rund um den Feldberg
# von Hütte zu Hütte

(Siehe Skizze, S. 119)

 **Raimartihof**      1.108 m

 **Feldberg**      1.493 m

 **St. Wilhelmer Hütte**   1.423 m

 **Zastler Hütte**      1.262 m

Ausgangspunkt unserer Wanderung ist der Wanderparkplatz Rinken.

Von Hinterzarten fahren Sie auf der Rinkenstraße nach Alpersbach und
nach weiteren 3,5 km erreichen Sie den Wanderparkplatz Rinken
Ab Wanderparkplatz Rinken (1.196 m) gehen Sie bis zum Waldrand
und links um den Berg herum und folgen dem Hinweisschild Raimarti-
hof. Sie gehen zunächst auf ebenem, die letzten 500 m auf unebenem
Waldweg direkt zum Raimartihof (1.125 m).
Vom Raimartihof gehen Sie zum Feldsee. Am See folgen Sie links dem
Wanderweg und erreichen nach steilem Aufstieg die Anhöhe Grüble
(1.243 m).
Ab Grüble gehen Sie rechts über den Feldbergsattel und folgen dem
Westweg bis zum Feldberggipfel (1.493 m). An der Wetterwarte gehen
Sie links den Berg (Westweg) hinunter und folgen dem Hinweisschild
St. Wilhelmer Hütte. An der St. Wilhelmer Hütte (1243 m) gehen Sie
rechts auf dem ebenen Weideweg weiter und nach ca. 500 m beginnt
der Abstieg zur Zastler Hütte (1.262 m).
Ab Zastler Hütte talwärts bis zum Wanderparkplatz Rehbühl. Ab Reh-
bühl gehen Sie auf dem Forstweg bergwärts zum Ausgangspunkt
Rinken zurück.

# Die Naturschutzzentren im Schwarzwald

Wenn Sie sich auf Ihren Wanderungen über die Natur informieren wollen, besuchen Sie doch eines der beiden Naturschutzzentren mit ihren Ausstellungen.

Beide Naturschutzzentren bieten eine Dauerausstellung zur umliegenden Natur und ein Programm mit vielen Führungen und Veranstaltungen. Aktuelle Programme und Aktivitäten finden Sie immer unter **www.naturschutzzentren-bw.de.**

Die Zentren betreuen große Naturschutzgebiete, im Norden die Naturschutzgebiete Schliffkopf, Wilder See – Hornisgrinde, Hornisgrinde – Biberkessel, Kniebis – Alexanderschanze, Eckenfels und Gottschlägtal – Karlsruher Grat, im Süden das Naturschutzgebiet Feldberg.

In diesen Schutzgebieten hat die Natur Vorrang vor dem Menschen. Sie dürfen diese Gebiete erwandern, erradeln oder mit Skiern oder Schneeschuhen erkunden und die schützenswerte Tier- und Pflanzenwelt erleben, fühlen, beobachten und auf sich wirken lassen. Ein paar Regeln gilt es einzuhalten, informieren Sie sich einfach in den beiden Zentren. Am besten lassen Sie sich die Schutzgebiete auf einer der zahlreichen Führungen von einem kundigen Führer zeigen.

### Im Nordschwarzwald das Naturschutzzentrum Ruhestein
Schwarzwaldhochstraße 2
77889 Seebach-Ruhestein
Tel. 07449 / 9102 / 0
**Öffnungszeiten:**
tägl. außer Mo. und Fr. von 10 bis 17 Uhr
(auch an Sonn- und Feiertagen geöffnet.
An Karfreitag, 24. / 25.12.,
31.12 / 01.01. geschlossen)

### Am Feldberg das Naturschutzzentrum Südschwarzwald
Dr. Pilet Spur 4
79868 Feldberg
Tel. 07676 / 9336 / 30
**Öffnungszeiten:**
täglich von 10 bis 17 Uhr
(am 25.12. sowie im Winterhalbjahr
an Montagen außerhalb der Schulferien
B.-W. geschlossen)

Text und Bild wurden vom Naturschutzzentrum Südschwarzwald zur Verfügung gestellt.

 **Stübenwasen** 1.270 m

79674 Todtnauberg
☎ 07671 / 334
Fax 07671 / 93 07

www.berggasthof-stuebenwasen.de

 Ruhetag: Donnerstag
Täglich ab 10 Uhr geöffnet

 Warme Küche von 12 bis 14:00 Uhr und von 18 bis 19:30 Uhr
Vesper kalt/warm durchgehend:

 6 DZ alle Zimmer mit Dusche/WC
2 DZ mit fl. warm/kalt Wasser, Dusche/WC auf der Etage

 Ab Todtnauberg (Buswendeplatz) fahren Sie auf der Radschertstraße
bergauf bis zum Wanderparkplatz Radschert (Jugendherberge). Trotz
Verbotsschild können Gäste bis zum Haus vorfahren. Ab Wanderparkplatz gehen Sie zu Fuß 45 Min. bis zur Bergwirtschaft Stübenwasen.
Siehe Skizze, rechte Seite.

 Als im November 1900 die Höhenmarkierung des Westweg Pforzheim-
Basel beendet wurde kam der Wunsch auf, eine bewirtschaftete
Schutzhütte auf dem Rücken des Stübenwasen zu errichten. Aus
Mangel an finanziellen Mitteln konnte das Projekt erst um 1935
durchgeführt werden. An ausgesucht schöner Stelle, wenn man vom
Notschrei (1.119 m) 4 km den Westweg in Richtung Feldberg
wandernd, beim Langmoos aus dem Wald tritt, steht die stattliche
Bergwirtschaft. Ab Stübenwasen zum Feldberg (1.493 m) 5 km.

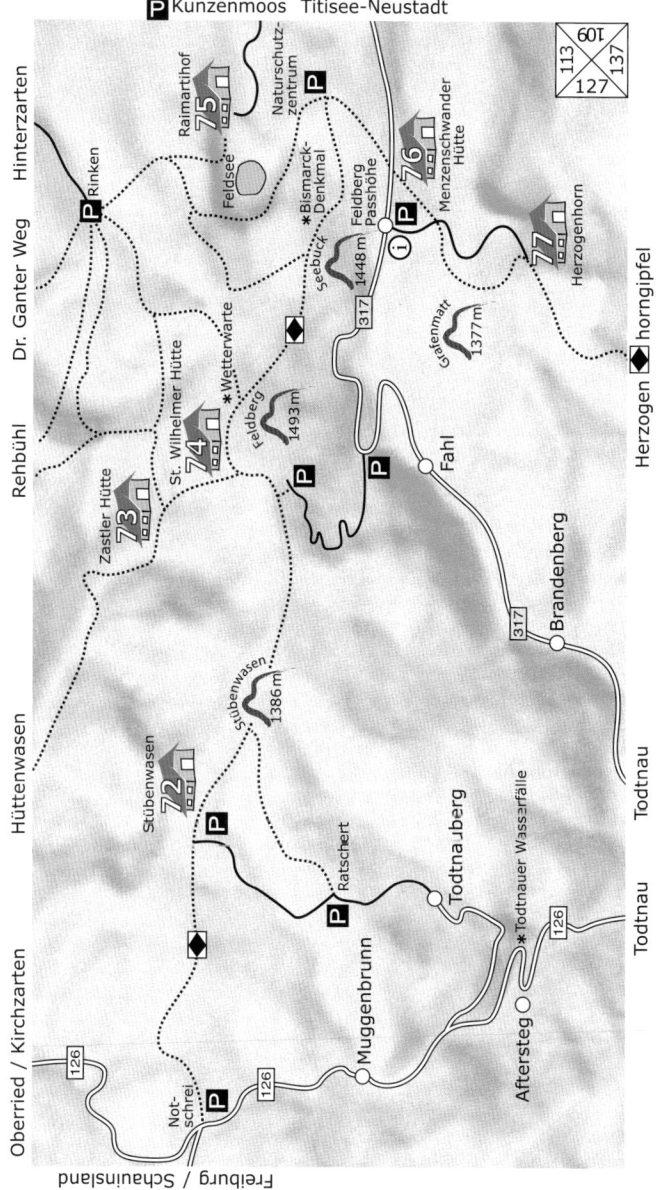

Kunzenmoos  Titisee-Neustadt

Hinterzarten

Dr. Ganter Weg

Rehbühl

Hüttenwasen

Oberried / Kirchzarten

Freiburg / Schauinsland

Raimartihof **75**

Naturschutz-zentrum

Feldsee

Rinken

*Bismarck-Denkmal

Feldberg Passhöhe

**76**

Menzenschwander Hütte

Herzogenhorn **77**

*Feldberg-seebuck
1448 m

317

Grafenmatt
1377 m

Herzogen ▲ horngipfel

*Wetterwarte

St. Wilhelmer Hütte **74**

*Feldberg
1493 m

Fahl

Zastler Hütte **73**

Brandenberg

317

Stübenwasen
1386 m

Stübenwasen **72**

Ratschert

Todtna bergberg

*Todtnauer Wasserfälle

Todtnau

Todtnau

Muggenbrunn

Aftersteg

126

Not-schrei

126

60I
113 | 137
127

 **Zastler Hütte** 1.262 m

79868 Feldberg
☎ 07676 / 244
Fax 07676 / 93 34 80

www.zastler-hütte.de

Ruhetag: Donnerstag
(am Feiertag offen, dafür Freitag geschl.)
Freitag bis Mittwoch von 10 bis 17 Uhr geöffnet,
<u>November bis Weihnachten</u> nur am Wochenende offen

Durchgehend warme Küche
Eintopf, Speckeier

Mai - Oktober
Matratzenlager für 6 bis 20 Pers.

Von Oberried fahren Sie durch das Zastler Tal bis ans Talende. Sie fahren
am Mederlehof vorbei bis zum Wanderparkplatz vor der Schranke. Ab
hier Aufstieg (ca. 4 km) bis zum Holzplatz Rehbühl. Am Rehbühl angekommen, gehen Sie rechts den Naturweg hinauf und erreichen in 20 Min.
die Zastler Hütte. Siehe Skizze, rechte Seite u. S. 119 u. S. 113.

VARIANTE Ab Rinken, am Wanderschild, gehen Sie halbrechts dem Wanderzeichen
rotes Ritterkreuz folgend durch den Wald. Im Wechsel, ebener und leicht
ansteigender Waldpfad bis zur Zastler Hütte.

1883 wurden Hirtenwohnung und Stall abgerissen. An ihrer Stelle baute
man eine große Viehhütte und eine Hirtenwohnung mit Wirtschaftsrecht.
Diese brannte am 12. Februar 1910 ab und wurde bis Mitte 1912 wieder
aufgebaut.

 **St. Wilhelmer Hütte** 1.423 m

79868 Feldberg/Schwarzwald
☎ 07676 / 342 www.sankt-wilhelmerhuette.de

 Ruhetag: Dienstag und Mittwoch
Montag, Donnerstag bis Sonn- und Feiertage
täglich von 10 bis 17 Uhr geöffnet

 Durchgehend warme Küche
Hausgemachter Eintopf oder Suppe
Selbstgebackener Kuchen und Brot
Fleisch und Wurstwaren vom Schönauer Metzger

 Vom Wanderparkplatz bei der Todtnauer Hütte gehen Sie rechts an der
Kaplle vorbei und folgen dem Hws. ST. WILHELMER HÜTTE. Nach 200m
gehen Sie rechts und auf leichtem ansteigendem Wirtschaftsweg zur
Bergwirtschaft St. Wilhelmer Hütte (Wanderzeit ca. 30 Min.). Siehe
Skizze, S. 119 und ausführliche Wanderbeschreibung „Rund um den
Feldberg, von Hütte zu Hütte", Seite 116.

Höchstgelegene Bergvesperstube im Schwarzwald.
Laurenzifest 10. August - Einziger Viehmarkt am Feldberg.

 **Raimartihof** Gasthaus zum Feldsee 1.108 m

79868 Feldberg
☎ 07676 / 226
Fax 07676 / 249
www.raimartihof.de

 Ganzjährig geöffnet
Kein Ruhetag, täglich ab 9 Uhr geöffnet
<u>Wintersaison Nov. - Mai</u>: Ruhetag Dienstag
<u>Mitte Nov. bis kurz vor Weihnachten</u>: nur Samstag u. Sonntag geöffnet
Reservierung möglich, auch für Gruppen und Festlichkeiten

 Durchgehend warme Küche
Tagesessen nach Aushang, Galloway-Spezialitäten
Bibliskäse mit Brägele (Bratkartoffeln), Wildgerichte, Kaffee u. Kuchen

 Selbstversorgerhütte in der ehemaligen Sägemühle
Große Hütte bis 17 Personen; kleine Hütte bis 8 Personen
vollelektrifiziert, Heizung, Elektroherd und Kühlschrank, Dusche/WC

 Ab Wanderparkplatz Kunzenmoos, unterhalb von Bärental, folgen Sie dem Hinweisschild Raimartihof / Feldsee. Auf teilweise ebenem und leicht ansteigendem Waldweg erreichen Sie die Bergwirtschaft Raimartihof. Wanderzeit 45 Min.
Ab Wanderparkplatz Rinken (Zufahrt über Hinterzarten) ebenfalls zum Raimartihof, 30 Min. Siehe Skizze, S. 119. u. Wanderbeschreibung S. 116.

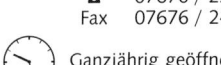 Der Raimartihof wurde als Eindachhof 1710 erbaut. Familie Andris bewirtschaftet diesen typischen Schwarzwaldhof seit 1825 in der 6. Generation und besitzt seit 1892 das konzessionierte Gastwirtschaftsrecht als „Gasthaus zum Feldsee".

 **Menzenschwander Hütte** 1.219 m

79868 Feldberg/Schwarzwald
☎ 07676 / 224
Fax 07676 / 93 99 47

www.menzenschwanderhuette.de

Ruhetag: Mittwoch und Donnerstag
Täglich ab 10 Uhr geöffnet
<u>Betriebsferien</u>: 3 Wochen nach Ostern und November

Selbstgemachte Spätzle
Brot und frische Salate
Wechselndes Tagesessen

Von Todtnau fahren Sie auf der B 317 in Richtung Donaueschingen. Im Ort Feldberg fahren Sie auf der Passhöhe, hinter dem großen Parkplatz nach 50 m, am Hinweisschild, rechts ab. Die Menzenschwander Hütte liegt unterhalb der B 317. Siehe Skizze, S. 119.

Vom Menzenschwander Wasserfall erreichen Sie auf markiertem Wanderweg die Menzenschwander Hütte in ca. 60 Minuten Aufstieg.

Die alte Menzenschwander Hütte lag am alten Weg von Bärental nach dem Feldberger Hof bei 1.262 m, wurde aber 1914 abgerissen. Die Hütte gehörte zu St. Blasien und ging Ende des 18. Jahrhunderts an die Gemeinde Menzenschwand über.

 # Herzogenhorn

1.335 m

79868 Feldberg/Schwarzwald
☎ 07676 / 222
Fax 07676 / 255

www.herzogenhorn.info

 Kein Ruhetag
Täglich ab 9 Uhr geöffnet

 Durchgehend warme Küche bis 16 Uhr

 2 EZ und 5 DZ mit Dusche und WC
9 DZ mit Dusche und Etagen-WC
18 DZ mit fließend w. u. k. Wasser

 Von Todtnau fahren Sie auf der B 317 in Richtung Donaueschingen. Im Ort Feldberg fahren Sie auf der Passhöhe, rechts, über den großen Parkplatz (Skilifte). Hinter dem Parkplatz fahren Sie auf der Herzogenhornstrasse parallel zum Berg 3,5 km bergwärts durch den Wald bis zum Wanderparkplatz Herzogenhorn. Die letzten 100 m gehen Sie zu Fuß bis zur Bergwirtschaft Herzogenhorn. Siehe Skizze, S. 119 u. S. 137.

 Ab Bergwirtschaft Herzogenhorn wandern Sie in 40 Min. bis zum Gipfel des Herzogenhorn. Neben dem Feldberg (1.493 m) ist das Herzogenhorn (1.415 m) die zweithöchste Erhebung im Schwarzwald.

# Das Badner Land (Die Hymne Badens)

Das schönste Land in Deutschlands Gau'n,
Das ist mein Badner Land,
Es ist so herrlich anzuschaun,
und ruht in Gottes Hand.
*Drum grüß ich dich, mein Badner Land,*
*Du edle Perl im deutschen Land, deutschen Land,*
*Frisch auf, frisch auf, frisch auf, frisch auf,*
*frisch auf, frisch auf, mein Badner Land!*

Zu Haslach gräbt man Silbererz,
Bei Freiburg wächst der Wein,
im Schwarzwald schöne Mädchen;
Ein Badner möcht ich sein.
*Drum grüß ich dich, mein Badner Land,*
*Du edle Perl im deutschen Land, deutschen Land,*
*Frisch auf, frisch auf, frisch auf, frisch auf,*
*frisch auf, frisch auf, mein Badner Land!*

In Karlsruhe ist die Residenz,
In Mannheim die Fabrik,
In Rastatt ist die Festung,
Und das ist Badens Glück.
*Drum grüß ich dich, mein Badner Land,*
*Du edle Perl im deutschen Land, deutschen Land,*
*Frisch auf, frisch auf, frisch auf, frisch auf,*
*frisch auf, frisch auf, mein Badner Land!*

Der Bauer und der Edelmann,
Das stolze Militär,
Die schaun einander freundlich an,
Und das ist Goldes wert.
*Drum grüß ich dich, mein Badner Land,*
*Du edle Perl im deutschen Land, deutschen Land,*
*Frisch auf, frisch auf, frisch auf, frisch auf,*
*frisch auf, frisch auf, mein Badner Land!*

# 37 Aussichtstürme im Schwarzwald

| | Aussichtsturm | Ort | Höhen-lage | Turm-höhe |
|---|---|---|---|---|
| **NORDSCHWARZWALD** | Büchenbronner Höhe Turm | Neuenbürg | 608 m | 25 m |
| | Fremersbergturm | Baden-Baden | 525 m | 30 m |
| | Friedrichsturm (Badener Höhe) | Baden-Baden | 1.003 m | 34 m |
| | Hornisgrindeturm | Seebach | 1.164 m | 23 m |
| | Kaiser-Wilhelm Turm (Hohloh) | Gernsbach -Kaltenbronn | 984 m | 22 m |
| | Mahlbergturm (Karlsruher Turm) | Gaggenau | 613 m | 25 m |
| | Mehliskopfturm | Bühlertal | 1.009 m | 20 m |
| | Merkurturm | Baden-Baden | 668 m | 23 m |
| | Teufelsmühle Turm | Loffenau | 908 m | 15 m |
| **MITTLERER SCHWARZWALD** | Brandeckturm | Olsbach | 686 m | 17 m |
| | Brandenkopfturm | Oberh.bach | 945 m | 32 m |
| | Eichbergturm | Emmendingen | 369 m | 49 m |
| | Fohrenbühlturm (Mooswaldkopf) | Schramberg | 879 m | 35 m |
| | Geigerskopfturm | Oberkirch | 435 m | 20 m |
| | Habererturm | Bad Peterstal-Griesbach | 691 m | 20 m |
| | Herzog Friedrichturm | Freudenstadt | 799 m | 25 m |
| | Hünersedelturm | Freiamt | 744 m | 28 m |
| | König-Wilhelm-Turm | Baiersbronn | 755 m | 16 m |
| | Mooskopfturm | Oppenau | 875 m | 21 m |
| | Teisenkopfturm | Schenkenzell | 764 m | 8 m |
| | Vogteiturm | Loßburg-Rodt | 739 m | 31 m |
| **SÜDSCHWARZWALD** | Blauen Turm | Müllheim | 1.165 m | 15 m |
| | Brendturm | Furtwangen | 1.149 m | 17 m |
| | Eugen-Keidel-Turm | Schauinsland | 1.283 m | 22 m |
| | Feldbergturm | Feldberg Schwarzw. | 1.493 m | 40 m |
| | Gugelturm | Herrischried | 907 m | 30 m |
| | Hochfirstturm | Titisee-Neustadt | 1.190 m | 28 m |
| | Hochkopfturm | Todtmoos | 1.263 m | 17 m |
| | Hohe Möhr | Raitbach | 983 m | 33 m |
| | Kastellbergturm | Sulzburg | 440 m | 11 m |
| | Lehenkopfturm | St. Blasien | 1.039 m | 16 m |
| | Riesenbühlturm | Schluchsee | 1.097 m | 30 m |
| | Rosskopfturm | Freiburg i. Br. | 737 m | 27 m |
| | Rothaus-Zäpfle-Turm | Höchenschwand | 1.010 m | 42 m |
| | Schlossbergturm | Freiburg i. Br. | 435 m | 30 m |
| | Stöcklewaldturm | Furtwangen-Rohrbach | 1.069 m | 25 m |
| | Vitibuck | Waldshut-Tiengen | 458 m | 37 m |

Die Auflistung ist eine kleine Auswahl und erhebt daher nicht den Anspruch
der Vollständigkeit. Alle Angaben ohne Gewähr.

Schauinsland

105 | 119
131

Gü1nsterstal

124

Freiburg

Merzhausen

Horben

Talstation

Eduardshöhe
859 m

P

St. Ulrich

78
Schweighof

Au

Wittnau

Biezighofen

Sölden

122

79
Kohlerhof

Berghauser
Kapelle
*

P

Ebringen

Freiburg

Bollschweil

EHRENKIRCHEN

P

Freiburg

125

Schneckental

Pfaffenweiler

Kirchhofen

Ehrenstetten

Schallstadt

3

125

125

Staufen

Münstertal

Bad Krozingen

Bad Krozingen

# Schweighof 705 m

79283 Bollschweil-St. Ulrich
☎ 07602 / 249
Fax 07602 / 92 10 50

Ruhetag: Donnerstag, Freitag u. Samstag
Montag, Dienstag und Mittwoch ab 16 Uhr,
Sonntag ab 11 Uhr geöffnet

Durchgehend warme Küche bis 21 h
Täglich wechselndes Tagesessen
Rumpsteak; Schnitzel od. Bratwurst mit Brägele (Bratkartoffeln)
Fleisch- und Wurstwaren von Tieren aus eigener Tierhaltung

Von FR-Merzhausen fahren Sie durch das Hexental, über Sölden, in
Richtung Bollschweil/Ehrenkirchen. Hinter Sölden biegen Sie nach St. Ulrich
links ab . Sie durchfahren St. Ulrich und weiter bergwärts in Richtung Gei-
ersnest. Hinter der Zimmerei Heine fahren Sie vor der Straßenverengung
am Hws. SCHWEIGHOF links ab und folgen der asphaltierten Straße ca. 1 km
bis zum Gasthaus Schweighof. Siehe Skizze, S. 127.

Ehemalige **Kloster St. Ulrich** wurde 868 erstmals erwähnt. Die jetzige
Kirche sowie die anschließenden Gebäude wurden um 1740 errichtet.
Wenn wir die Kirche betreten sind wir von der Schlichtheit des Innenraums
überrascht. Der Hochaltar zeigt die Krönung Mariens, an den Seiten
stehen die hl. Barbara und der hl. Ulrich und als Hauptfigur die Kirchen-
patrone Petrus und Paulus.
Im Klosterhof steht der Taufstein, das wohl am meisten beachtete Werk
der Anlage.

# Kohlerhof

760 m

79238 Ehrenkirchen
☎ 07602 / 245
Fax 07602 / 92 02 45

Ruhetag: Montag (Sommerzeit),
            Montag und Dienstag (Winterzeit)
Sommerzeit - täglich von 10 bis 22 Uhr,
Winterzeit - täglich von 10 bis 18 Uhr geöffnet
<u>Betriebsferien</u>: Anfang März und 1. bis 15. Dezember

Saison. Gerichte, Rumpsteak, Ziegenkäse im Speckmantel, Speckeier, Okt./Nov. freitags Burgunderabend (nur auf Reservierung)

Von Bollschweil fahren Sie auf der L 122 in Richtung Ehrenstetten. Kurz vor Ehrenstetten biegen Sie zum Kohlerhof (Hws.) links ab und fahren bis zum Waldparkplatz. Ab hier fahren Sie auf den unbefestigtem Waldweg bergauf und erreichen nach 7 km die Bergwirtschaft Kohlerhof. Siehe Skizze, S. 127.

Von Staufen bis ans Ortsende von Obermünstertal fahren. Vom Parkplatz „Spielweg", unterhalb der Schule, geht es aufwärts auf der asphaltierten Straße „Gassen" und nach 300 m links hoch bis zum Gipf-Hof. Dort wandert man rechts bis zum oberen Waldrand, kreuzt den Höhenzugangsweg Staufen <> Schauinsland und folgt dann der Beschilderung „Kohlerhof" (Berggasthof).
Von hier kommt man zurück über den links ansteigenden Wiesenweg zum „Sonnhaldenberg" (Kammhöhe) und abwärts über das offene Weidegelände (schöne Aussicht) bis zum Ausgangspunkt „Spielweg". Wegstrecke: ca. 7 km hin und zurück, Höhenunterschied: ca. 400 m, Markierung: weisser Punkt.

**80** Alm-Gaststätte **Kälbelescheuer** 976 m

79244 Münstertal
☎ 07636 / 78 88 87 www.kaelbelescheuer.de

Ruhetag: Montag
Täglich von 11 bis 20 Uhr geöffnet
November bis März: Nur am Wochenende von 11 bis 18 Uhr geöffnet
Weihnachten bis 6. Januar: Täglich von 11 bis 18 Uhr, außer montags

Zirns-Schnitzel
Mamas hausgemachter Kuchen

Von Staufen kommend biegen Sie in Münstertal am Rathaus rechts ab und fahren 7 km in Richtung Neuenweg. 500 m vor der Anhöhe Haldenhof biegen Sie an der Abzweigung Kälbelescheuer (Hinweisschild) rechts ab und fahren 1,8 km bergauf direkt bis zur Bergwirtschaft Kälbelescheuer. Siehe Skizze, rechte Seite.

Von Münstertal od. Badenweiler in Richtung Neuenweg fahren. Von der Passhöhe, beim Ghs. Haldenhof, gehen Sie auf einem schmalen Waldweg (Waldlehrpfad) um die Westseite des Weiherkopfs. Am Waldaustritt schöne Aussicht auf den Belchen und in der Ferne sehen Sie die Bergwirtschaft Kaelbelescheuer. Wanderzeit 45 Min.

Im Dezember 1932 erteilte die Gemeinde Untermünstertal die Konzession zum Betrieb einer Schankwirtschaft. Im Jahre 1960 erhielt die Kälbelescheuer den Anschluss an das elektrische Stromnetz.

Die Alm mit der familiengeführten Gastlichkeit. Große Terrasse mit einmaligem Panoramablick über die Rheinebene bis zu den Vogesen.

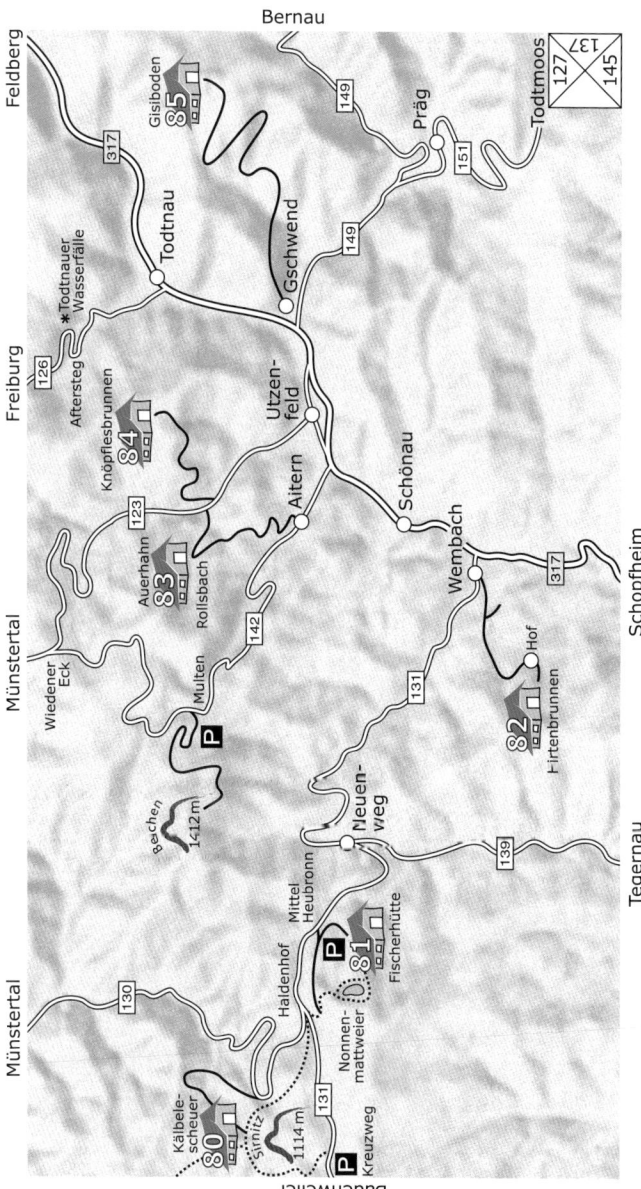

Bernau

Feldberg

Gisiboden 85

317

149

Präg

Todtmoos

127 137 145

Todtnau

Gschwend

151

Todtnauer Wasserfälle

149

Freiburg

126

Aftersteg

Knöpflesbrunnen 84

Utzenfeld

Schönau

Schopfheim

123

Altern

Wembach

317

Auerhahn 83

Rollsbach

Hof

Münstertal

Wiedener Eck

142

Multen

131

Hirtenbrunnen 82

Belchen 1412 m

P

Tegernau

Neuenweg

139

Mittel-Heubronn

Münstertal

130

Haldenhof

P 81

Fischerhütte

Kälbelescheuer 80

Nonnenmattweier

131

Sirnitz 1114 m

P

Kreuzweg

Badenweiler

 **Fischerhütte** Nonnenmattweiher 915 m

79692 Kleines Wiesental - Neuenweg
 ☎ 07673 / 93 23 81   www.fischerhuette-nonnenmattweiher.de
Mobil 0162 866 72 12

<u>Juni bis Oktober</u>
Ruhetag Montag. Täglich von 11 bis 20 Uhr geöffnet
<u>November bis Mai</u>
Samstag, Sonn- und Feiertage von 11 bis 18 Uhr geöffnet
<u>Betriebsferien</u>: Mitte November bis Mitte Dezember

 Durchgehend warme Küche
Suppen, Salate, zünftige Bauernvesper,
Forellen aus eigenen Teichen und hausgemachter Kuchen.
Alle Wurst- und Fleischprodukte vom eigenen Heubronner Bauernhof.

 Von Münstertal in Richtung Neuenweg, bis zur Anhöhe Haldenhof. Hier
fahren Sie links, talwärts bis Mittelheubronn. In einer Rechts-Linkskurve
(Hinweisschild) biegen Sie rechts ab und fahren auf dem Wirtschaftsweg
bis zum Wanderparkplatz „Nonnenmattweiher". Ab hier 15 Min. Fussweg
bis zur Fischerhütte. Siehe Skizze, S. 131.

**NONNENMATTWEIHER**; 100 m von der Fischerhütte entfernt.
Von besonderer Schönheit ist das 915 m hochgelegene Gewässer (Karsee)
mit seltener Flora; Wacholderweiden; Alpenpflanzen am Weiherfelsen;
bodenbeständiger Urwald in der Karwand und schwimmender Torfinsel
mit Hochmoorvegetation (Betreten verboten).
Zu einer Dammbruchkatastrophe kam es am 1. März 1922. Damals - es
war in den Mittagsstunden - brach der Damm des Nonnenmattweihers
und löste eine Flutwelle aus, die im Kleinen Wiesental verheerende Ver-
wüstungen anrichtete.

 **Hirtenbrunnen** 690 m

79677 Fröhnd-Hof
☎ 07673 / 425
Fax 07673 / 77 13

www.hirtenbrunnen.com

 Ruhetag: Montag
Dienstag bis Freitag ab 14 Uhr,
Samstag, Sonn- u. Feiertag ab 12 Uhr geöffnet
<u>Betriebsferien</u>: Schmutziger Donnerstag bis Aschermittwoch geschl.

 Saisonale Gerichte (Bärlauch, Spargel, Wild und Pfifferlinge),
Hausgemachter Kuchen
Wildsauessen ab 8 Personen auf Vorbestellung

 5 EZ, 11 DZ und 1 Dreibettzimmer
teilweise mit Dusche / WC auf der Etage

 Von Schönau fahren Sie auf der B 317 in Richtung Schopfheim. Kurz
vor Ortsausgang Schönau biegen Sie nach Wembach rechts ab. Vor
Ortsausgang Wembach fahren Sie nach Hof (2 km) links ab. In Hof, an
der kleinen Kreuzung, sehen Sie links ein kleines Holztürchen welches
Ihnen den Zugang zur Bergwirtschaft Hirtenbrunnen frei macht. Siehe
Skizze, S. 131.

 Der Hirtenbrunnen (17. Jahrh.) war hier oben, vor der Besiedlung von
Fröhnd-Hof, der erste Hof weit und breit. Das auf den umliegenden
Weiden grasende Vieh hatte auch nur hier die Möglichkeit, aus einem
Brunnen zu trinken. Hirten, die über das Vieh wachten und der Brun-
nen waren Namensgebung für die 1940 eröffnete Bergvesperstube
Hirtenbrunnen.

 **Auerhahn** 850 m

79677 Aitern-Rollsbach
☎ 07673 / 309
Fax 07673 / 93 22 23

www.auerhahn-rollsbach.de

  Ruhetag: Donnerstag; täglich ab 10 Uhr geöffnet
<u>Betriebsferien</u>: Ende November bis Weihnachten

 Warme Küche von 11:30 - 14 Uhr u. 17:30 - 20 h
Durchgehend Vesper warm und kalt
Rindfleischgerichte vom Hinterwälder Rind aus eigener Tierhaltung

 5 DZ alle Zimmer mit Dusche/WC

 Von Schönau kommend biegen Sie am Ortsende Aitern rechts ab in die Bergstraße. Auf dieser fahren Sie 2 km bergwärts und anschließend 1 km auf ebenem Strässchen bis Rollsbach. An der Abzweigung (Hws.) halten Sie sich rechts und erreichen nach wenigen Metern das Gasthaus Auerhahn. Siehe Skizze, S. 131.

**Variante** In Utzenfeld-Königshütte biegen Sie hinter der Abzweigung Knöpfles-brunnen, an der kommenden Häusergruppe (Hws.), links ab. Nach 200 m fahren Sie rechts und nach 1 km steiler Bergfahrt erreichen Sie das Gasthaus Auerhahn. Siehe Skizze, S. 131.

Von Wieden, ab der Kirche, wandern Sie zum Ortsteil Laitenbach. Ab hier gehen Sie über den Moosbachweg (schöne Ausblicke) auf ebenem Weidepfad, parallel zum Berg, nach Rollsbach. Wanderzeit 1 Std.

 **Knöpflesbrunnen** 1.124 m

79694 Utzenfeld
☎ 07673 / 88 84 55 www.knoepflesbrunnen.de

 <u>Mitte April bis Mitte Nov.</u> von 10 bis 19 Uhr geöffnet
Ruhetag: Freitag.
<u>25. Dez. bis nach Fasnacht</u> ab 10 Uhr geöffnet
Im Winter kein Ruhetag

 Alpenblick

 Täglich wechselndes Tagesgericht, deftige Vesper
Fleisch u. Wurstwaren vom heimischen Metzger
Selbstgem. Kuchen u. Torten (Spezialität: Schwarzwälder Kirschtorte)

 ein Dreibett-und 2 Siebenbettzimmer
jeweils mit Dusche und WC

 Von Utzenfeld fahren Sie auf der L 123 in Richtung Münstertal. Im
Ortsteil Utzenfeld-Königshütte biegen Sie an der Abzw. KNÖPFLES-
BRUNNEN (Hws.) rechts ab und fahren den steilen Waldweg bergwärts.
Nach 4,5 km erreichen Sie einen Wanderparkplatz und gehen die letzten
100 m zu Fuß. Siehe Skizze, S. 131.

Gegenüber vom Hotel Notschrei folgen Sie dem Westweg Pforzheim -
Basel. (rote Raute auf weissem Grund) in Richtung Wiedener Eck. Nach
ca. 25 Min. erreichen Sie eine Wegkreuzung. Hier gehen Sie links (Wanderzeichen blaue Raute auf weißem Grund) auf dem Wasserhüttenweg
bis Gschwender Hölzle. Von dort folgen Sie weiterhin der blauen Raute,
Knöpflesbrunnenweg, bis zum Dachsrain und weiter auf dem Ob. Rütte-
waldweg bis zur Vesperstube Knöpflesbrunnen. Wanderstrecke ca. 8 km.

 **Gisiboden-Alm** 1.250 m

79674 Todtnau-Geschwend
☎/Fax 07671 / 99 98 21

www.gisiboden.de
www.todtnauer-ferienland.de

<u>Mai bis November</u>
Ruhetag: Montag
Täglich von 10 bis 18 Uhr geöffnet.
<u>Dezember bis April</u>
Öffnungszeiten telefonisch erfragen

Durchgehend warme Küche, wechselnde Tagesessen
Saisonale Gerichte und zünftige Vesper
Selbstgebackener Kuchen
Sonn- u. Feiertag „ALM-BRUNCH" Reservierung erforderlich.

12 DZ, zwei 3er Zi.. und zwei 4er Zi. - Dusche/WC auf der Etage
Übernachtung nur nach Voranmeldung möglich.

In Geschwend (Hws. GISIBODEN-ALM) fahren Sie ab der Kirche auf der
Gisibodenstraße bergwärts. Nach 8 km kurvenreicher Fahrt erreichen
Sie am Ende der asphaltierten Fahrstraße die Bergwirtschaft Gisiboden.
Siehe Skizze, rechte Seite u. S. 131.

Einsam gelegener Ausgangs- und Zielpunkt herrlicher Wander- und
Bikertouren. Von hier, über Bernauer Kreuz zum Herzogenhorn und
weiter zum Feldberg.

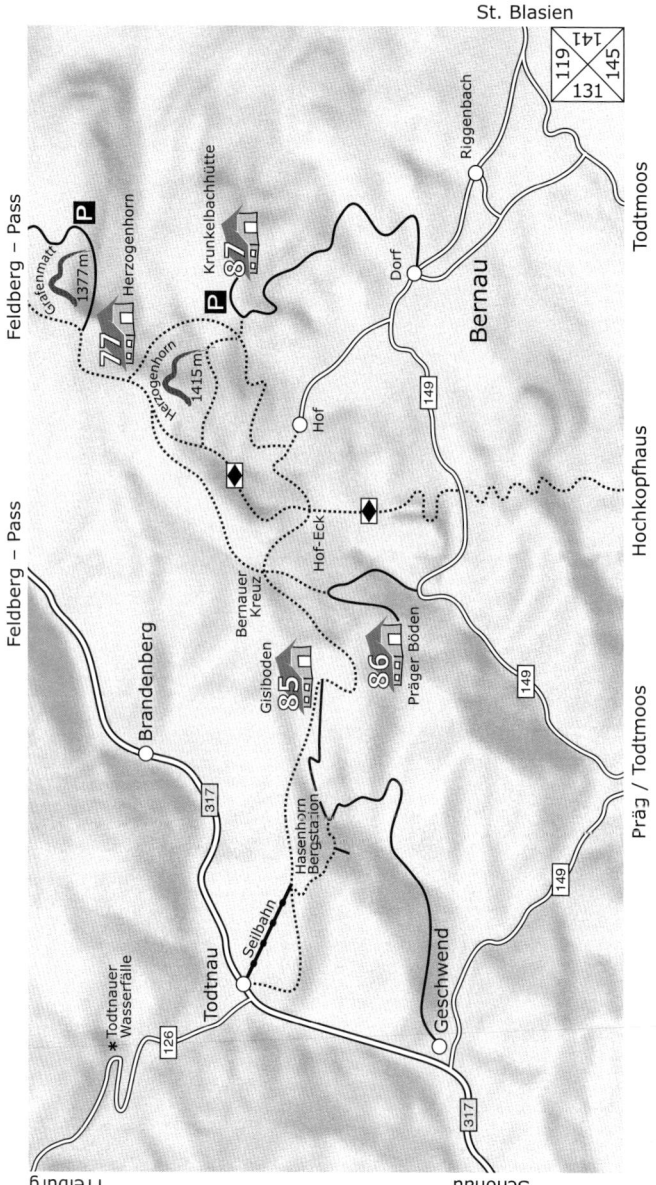

St. Blasien

| 141 |
| 119 | 145 |
| 131 |

Riggenbach

Feldberg – Pass

Todtmoos

P

(Grafenmatt)
1377m
Herzogenhorn

77

Krunkelbachhütte

87

Dorf

Bernau

P

Herzogenhorn
1415m

Hof

149

Feldberg – Pass

Hochkopfhaus

Bernauer
Kreuz

Hof-Eck

Brandenberg

Gisiboden

85

Präger Böden

86

149

Präg / Todtmoos

317

Hasenhorn
Bergstation

Seilbahn

Todtnau

Geschwend

149

★ Todtnauer
Wasserfälle

126

317

Freiburg

Schönau

137

# Schwarzwälder Wasserfälle

mit einer Hauptfallhöhe über 5 Meter

| Wasserfall | Ort in der Nähe | Region- oder Flussname | Ges.-höhe | Fall-höhe |
|---|---|---|---|---|
| **NORDSCHWARZWALD** | | | | |
| Burgbach | Bad Rippoldsau | Wolftal | 32 m / | 32 m |
| Absbach | Bad Rippoldsau | Absbach | 45 m / | 25 m |
| Sankenbach | Baiersbronn | Sankenbach | 40 m / | 25 m |
| Allerheiligen | Oppenau | Lierbach | 60 m / | 15 m |
| Griesbacher | Bad Peterstal-Griesbach | Griesbach | 13 m / | 13 m |
| Büstenbach | Reinerzau | Büstenloch | 12 m / | 12 m |
| Geroldsauer | Baden Baden | Grobbach | 9 m / | 9 m |
| Edelfrauengrab | Ottenhöfen | Gottschlägtal | 45 m / | 9 m |
| Dobelbach | Huzenbach | Murgtal | 90 m / | 8 m |
| Gertelbach | Bühlertal | Gertelbachschlucht | 70 m / | 7 m |
| Rosshimmel | Kniebis | Rosshimmel Kar | 30 m / | 7 m |
| Laufbach | Loffenau | Laufbach | 10 m / | 5 m |
| Elmlisberger | Schiltach | Dohlenbächle | 30 m / | 5 m |
| **MITTLERER SCHWARZWALD** | | | | |
| Ravenna | Breitnau-Höllental | Ravennaschlucht | 16 m / | 16 m |
| Bernecktaler | Schramberg | Bernecktal | 15 m / | 15 m |
| Schonach | Triberg | Schonach | 15 m / | 15 m |
| Triberger | Triberg | Gutach | 163 m / | 15 m |
| Zweribach | Wildgutach | Simonswälder Tal | 40 m / | 15 m |
| Hirschbach | St. Peter | Wildgutachtal | 10 m / | 6 m |
| Niedergießbach | Triberg | Gutachtal | 30 m / | 6 m |
| Suggentaler | Waldkirch | Felsenwässerle | 12 m / | 5 m |

# Schwarzwälder Wasserfälle

mit einer Hauptfallhöhe über 5 Meter

| Wasserfall | Ort in der Nähe | Region- oder Flussname | Ges.-höhe | Fall-höhe |
|---|---|---|---|---|
| **SÜDSCHWARZWALD** | | | | |
| Todtnauer | Todtnauberg | Stübenbach | 60 m / | 50 m |
| Bistenbach | Breitnau | Bistenbach | 60 m / | 50 m |
| Feldsee | Feldberg | Seebach | 25 m / | 25 m |
| Krebsbach | Krenkingen | Steinatal | 20 m / | 20 m |
| Lotenbachklamm | Bonndorf | Lotenbachklamm | 25 m / | 15 m |
| Rickenbach | Albbruck | Albtal | 35 m / | 15 m |
| Fahler | Fahl am Feldberg | Rotenbach | 40 m / | 15 m |
| Strahlbrusch | Rickenbach | Hauenst. Murgtal | 13 m / | 13 m |
| Häger | Häg Ehrsberg | Angenbachtal | 40 m / | 10 m |
| Lehnbach | Murg | Lehnbach | 45 m / | 10 m |
| Höllbach | Görwihl | Albschlucht | 8 m / | 8 m |
| Menzenschwander | Menzenschwand | Menzenschw. Alb | 20 m / | 8 m |
| Todtmooser | Hintertodtmoos | Rüttebach | 40 m / | 8 m |
| Sägbach | Bonnd.-Gündelwangen | Sägbach | 40 m / | 7 m |
| Windberg | St. Blasien | Windbergbach Albtal | 6 m / | 6 m |
| Falkauer | Altglashütten-Falkau | Haslachtal | 8 m / | 6 m |
| Gersbacher | Schopfheim | Wehraschlucht | 8 m / | 6 m |
| Alpersbach | Höllsteig | Höllental | 60 m / | 6 m |
| Warmbach | Rheinfelden | Warmbach | 6 m / | 5 m |
| Prägbach | Bernau-Präg | Prägbach | 8 m / | 5 m |
| Buselbach | Oberried | Schwärzenbach | 15 m / | 5 m |

Für den Zugang zu den Wasserfällen ist festes Schuhwerk mit rutschfester Sohle unabdingbar. Die Wege zu den Wasserfällen führen vorbei an Flussläufen, über Holzstege und Stock und Stein.
Im Winter zeigen die Wasserfälle bizarre Eiszapfen und Eiswände.

 **Präger Böden** 1.050 m

79674 Todtnau-Präg
☎ 07671 / 99 95 50 www.praegerboeden.de

Ruhetag: Montag (außer Feiertag)
Ganzjährig ab 9 Uhr geöffnet

Naturküche, nur frische, regionale Produkte
Kleine vegetarische Gerichte
Im Herbst: Wildgerichte aus heimischer Jagd

3 DZ mit Dusche/WC, 1 Vierbettzimmer mit Bad und Badewanne,
1 Vierbettzimmer mit Du/WC,
1 5er und ein 8er Bettenlager, Du/WC auf der Etage

Ab Präg fahren Sie in Richtung Bernau / St. Blasien. 5 km hinter Präg
biegen Sie in einer scharfen Rechtskurve zur Bergwirtschaft Präger Böden
(Hinweisschild) links ab. Sie erreichen die Bergwirtschaft nach weiteren
1,5 km auf schmalem, asphaltiertem Wirtschaftsweg.
Siehe Skizze, rechte Seite und S. 137.

Ab Präger Böden verschiedene Rundwanderwege, z.B. zum Herzogenhorn, Hasenhorn und Bernauer Kreuz.

Geführte Schneeschuhtouren nach Voranmeldung
Schneeschuhverleih

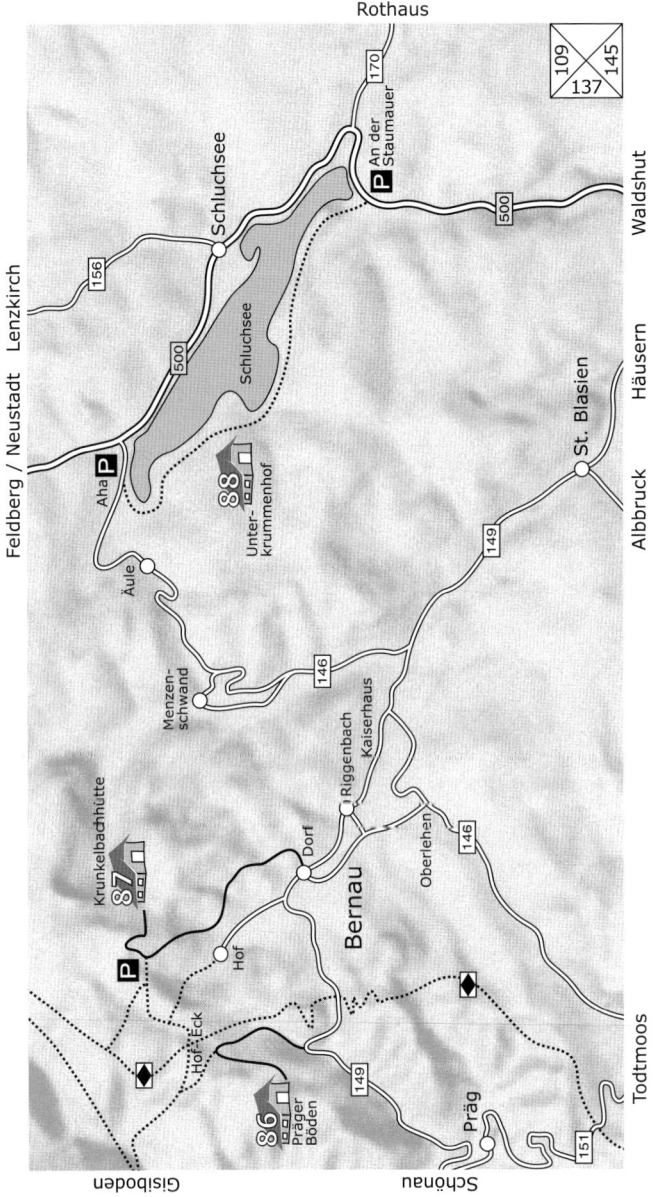

 **Krunkelbachhütte** 1.294 m

79872 Bernau
☎ 07675 / 338
Mobil: 0177 / 6 58 80 34

www.krunkelbach.de
www.schneeschuh-xc.de

Ganzjährig täglich ab 10 Uhr geöffnet
Kein Ruhetag
<u>Betriebsferien</u>: Anfang November bis Weihnachten

Durchgehend warme Küche
Krunkelbacheintopf mit selbstgebackenem Brot
Kuchen aus eigener Herstellung

2 DZ, 1 Dreibettzimmer, 3 Vierbettzimmer
und 1 Mehrbettzimmer bis 10 Personen
Waschraum und WC auf der Etage

Von Präg kommend am Ortseingang von Bernau-Dorf, gegenüber Ghs. Löwen, links einbiegen und an der folgenden Querstraße rechts den Berg hinauf. Anschliessend halbrechts auf der Krunkelbachstr. 4 km bergwärts zur Krunkelbachhütte. Siehe Skizze, S. 141 u. S. 137.

Wintersaison: 3,5 km lange Rodelbahn von der Krunkelbachhütte bis Bernau-Hof. Schlittenverleih auf der Hütte.
Der hütteneigene Pistenbulli fährt Sie an Wochenenden stündlich und nach Bedarf (an Wochentagen nach Anmeldung) von Bernau-Hof zur Krunkelbachhütte (kostenpflichtig). Ein besonderes Erlebnis.

 **Unterkrummenhof** 950 m

79859 Schluchsee
☎ 07656 / 15 00  www.unterkrummenhof.com
Fax 07656 / 98 87 98

Ganzjährig von 10 bis 18 Uhr geöffnet
Ruhetag: Montag (an Feiertagen geöffnet)
<u>Juli, August, September</u>
Kein Ruhetag

Durchgehend warme Küche
Eintopf, Speckeier, Krummenbrett mit Schinken, Käse und Wälderwurst

Auf der B 500 fahren Sie von Feldberg-Bärental in Richtung Schluchsee.
Am See verlassen Sie die B 500, biegen rechts ab und fahren in Richtung
Menzenschwand. Nach weiteren 150 m stellen Sie Ihr Fahrzeug auf dem
Wanderparkplatz Aha rechterhand ab und gehen auf dem Seeuferweg
rechts um den Schluchsee herum. Nach 1 Std. Wanderzeit erreichen Sie
die Bergwirtschaft Unterkrummenhof an der gegenüberliegenden See-
uferseite. Siehe Skizze, S. 141.

<u>Neu ab Sommer 2013</u> – Bootsanleger Unterkrummenhof
Täglich 6 Fahrten von Anfang Mai bis Mitte Oktober)
Schiffsrundkurs (Teilstrecken sind möglich)
von / bis Schluchsee - Strandbad über Anleger Aha, Unterkrummenhof,
Staumauer und Seebrug (Hotel Hubertus). INFO: Tel.: 07656 / 92 30,
www.seerundfahrten.de; Handy 0171 772 72 37

 **Eichrüttehof** 780 m

79733 Görwihl-Hartschwand
☎ 07754 / 12 62
Fax 07754 / 92 92 71

www.eichruettehof.de

 Ganzjährig ab 10 Uhr geöffnet
Ruhetag: Montag

 Durchgehend warme Küche
Verschiedene Brägelgerichte (Bratkartoffeln)
Rindfleischprodukte aus eigener Mutterkuhhaltung
<u>Jeden 1. Sonntag im Monat</u> (außer Juli u. August):
Bauernbuffet mit regionalen Spezialitäten, warm und kalt.
Herbst: Schlachtplatte

 Im Haus wurde das Dachgeschoß zu einem rustikalen Gemeinschafts-
schlafraum ausgebaut. Dusche und WC wurde in bäuerlichem Stil ein-
gerichtet.

 Von Görwihl fahren Sie auf der L 153 in Richtung Todtmoos. 4 km hinter Görwihl fahren Sie an der Abzweigung Strittmatt-Hartschwand
rechts ab. In der folgenden scharfen Rechtskurve biegen Sie nach Hartschwand links ab und sehen nach 350 m an der linken Straßenseite die
Bergwirtschaft Eichrüttehof. Siehe Skizze, rechte Seite.

*i* Eigenes Ganzjahresprogramm unter obiger Telefonnummer erfragen und
übers Internet (s. o.).

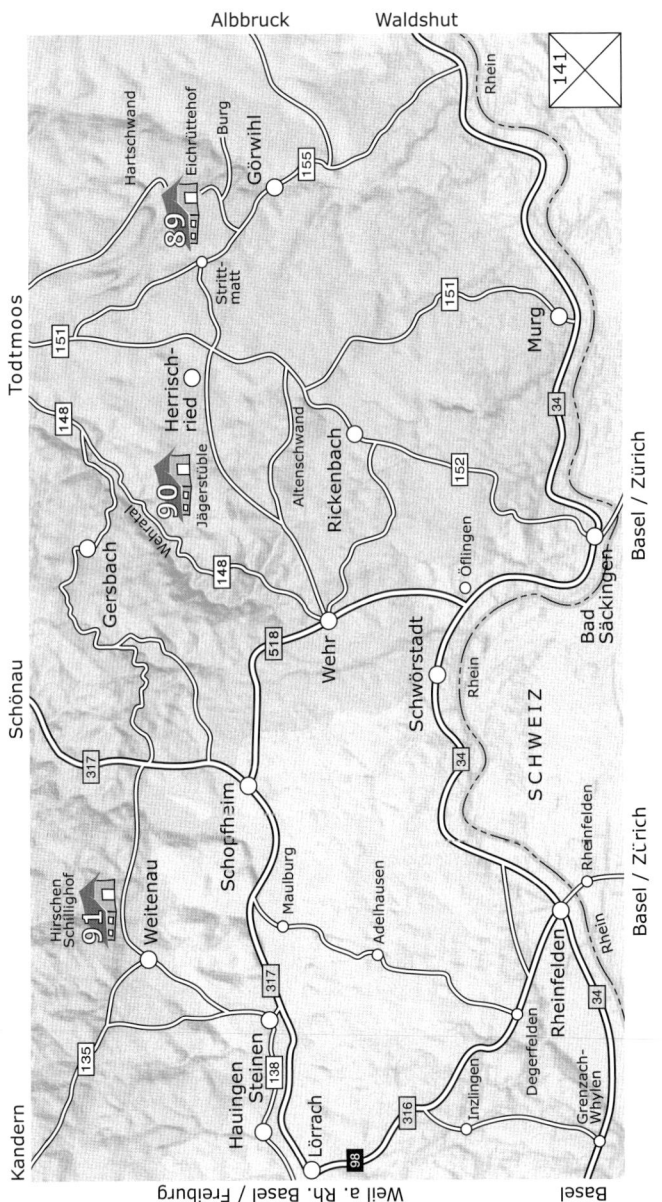

Albbruck    Waldshut

141

Hartschwand

Eichrüttehof   Burg

Görwihl

155

89

Strittmatt

Todtmoos

151

151

Murg

Herrisch-ried

Altenschwand

90

Jägerstüble

Wehntal

148

Gersbach

148

Rickenbach

152

Öflingen

518

Wehr

Schwörstadt

Bad Säckingen

Basel / Zürich

Schönau

317

Schopfheim

Schweiz

34

Rhein

Hirschen Schillighof

91

Weitenau

Maulburg

Adelhausen

Rheinfelden

Basel / Zürich

135

317

Steinen

138

Hauingen

Lörrach

316

Inzlingen

Degerfelden

Rheinfelden

34

Grenzach-Whylen

98

Kandern

Weil a. Rh. Basel / Freiburg

Basel

145

# 90 Jägerstüble

945 m

79737 Herrischried-Hornberg
☎ 07764 / 241   www.herrischried.de
Fax 07764 / 933 58 96

Ganzjährig ab 11 Uhr geöffnet
<u>Juni bis September</u> - Ruhetag: Donnerstag
<u>Oktober bis Mai</u> - Ruhetag: Mittwoch und Donnerstag

Warme Küche von 11:30 bis 14 Uhr und ab 17:30 Uhr
Vesperkarte durchgehend

Saisonale Gerichte
Spargel-, Pilz- und Wildgerichte

1 Komfort-FeWo
bis 4 Personen

Von Atdorf kommend fahren Sie in Hornberg auf der Dorfstraße an der
Abzweigung HORNBERGBECKEN vorbei und sehen gleich links die Bergwirtschaft Jägerstüble. Siehe Skizze, S. 145.

Wanderung zum Hornbergbecken 15 Min.
Auf der höchsten Erhebung des Hotzenwaldes entstand zum Zwecke der
Spitzenstromerzeugung das Hornbergbecken, das Oberbecken des
Kavernenkraftwerkes Wehr.
Das auf der Dammkrone 700 m lange und 300 m breite Becken ist 46
m tief, Das Fassungsvermögen des Beckens beträgt 4,4 Mio. m³.

 **Hirschen-Schillighof** 440 m

79585 Weitenau
☎ 07627 / 412
Fax 07627 / 80 10

www.schillighof.de

 <u>Mai bis Oktober</u>
Ruhetag: Montag
Dienstag bis Freitag ab 16 Uhr,
Samstag ab 14 Uhr,
Sonn- und Feiertag ab 10 Uhr geöffnet
<u>Mitte November bis April</u>
Ruhetag: Montag und Freitag
<u>Betriebsferien</u>: Ende Oktober bis Mitte November

 Fitnessteller - Schnitzel umlegt mit 5 verschiedenen Salaten
Bauernteller - Speck, Blut- und Leberwurst
Metzgete am 1. Advent u. Mitte Januar jeweils ein Wochenende
(Reservierung erwünscht)

 Von Steinen fahren Sie in Richtung Kandern / Wieslet. 2 km hinter
Weitenau biegen Sie an der Bushaltestelle Abzweigung Schillighof links
ab. Sie fahren ab hier weiter geradeaus, an den Häusern vorbei, und
erreichen nach weiteren 350 m die Bergwirtschaft Hirschen-Schillighof.
Siehe Skizze, S. 145.

 **August:** An drei unterschiedlichen Tagen (Termine tel. erfragen).
MUNDART-THEATER AUF FREILICHTBÜHNE (Sitzgelegenheit mitbringen).

**Fronleichnam:** ROCK AM BRUCH, 2 Tage Livemusik und Freilichtkino,
Kinderbetreuung.

# Schwarzwaldtäler / - flüsse

Die Flüsse des Schwarzwalds fließen nach Westen zum Rhein. Die Murg, die Kinzig, die Elz, die Rench. Man wandert die Täler hinunter, den Flüssen entlang. Der Schwarzwald ist kein geschlossener Lebensraum. Er teilt sich in zahlreiche Haupt- und Nebentäler. Die Murgtäler, Kinzigtäler, Enztäler, Renchtäler sowie die Bewohner der Hochplateaus (z.B. Hotzenwälder) haben ihre eigene Tradition und unterschiedliche Sitten und Gebräuche entwickelt. Schwarzwaldhöfe unterscheiden sich in ihrer Form von Tal zu Tal. Kultur und Dialekt sind nördlich des Murgtales (nördl. Schwarzwald) fränkisch beeinflusst, südlich davon alemannisch.

## Flussnamen

**Woher kommen eigentlich die Namen unserer Flüsse und Bäche, wer hat sie ihnen gegeben?**

Wenn Namen eine spezifische und charakteristische Eigenart oder Funktion ausdrücken, kann man das gerade bei Flussnamen annehmen. So tobt sich die Wutach in ihren Schluchtstrecken besonders heftig aus, muss man auf der Steina auch bei gutem Wasserstand mit häufigen Berührungen rechnen, hat sich die Schlücht im Mittelteil ganz schön „eingeschlüchtelt", ist die Wehra zwischen Todtmoos und Todtmoos-Au. und im Stadtgebiet von Wehr mit zahlreichen Wehren bestückt, fließt die Wiese fast ständig durch ein Spalier satter Matten.

Ob sich wohl der Rhein in frühen Zeiten durch besonders reines Wasser ausgezeichnet hat? Wäre seine etymologische Herkunft daraus abzuleiten, bedürfte diese keinesfalls „geschmacklose" Namensverfälschung längst einer dringlichen Korrektur.

Wir verdanken unsere Flussnamen in erster Linie den Kelten und Germanen. Die Etymologie führt den Begriff „Rhein" zum Beispiel auf keltischen Ursprung zurück aus renos = Fließendes, Fluss. Die Wutach ist dagegen germanischen Ursprungs und zuerst wutha = wilder Bach genannt worden.

Eine Art Volksetymologie wäre die Erklärung der Herkunft von Ibach zu nennen. Im Hotzenwald kann man erfahren, dass in früheren Zeiten auf der Gemarkung Ibach nur ein einziger öffentlicher Backofen vorhanden und an bestimmten Tagen von den Bäuerinnen regelrecht belagert war. Wer sich vordrängte, wurde von den andern zurechtgewiesen mit dem Ruf: „I bach jetzt".

Auffallend ist das vorherrschende weibliche Geschlecht bei unseren Flussnamen. Ausnahmen: der Neumagen, Vater Rhein und mit der Gattungsbezeichnung .... bach ergänzte Namen. Ob die Namensgeber schon dabei gedacht haben an verführerischen Zauber, an Glitzern und Blinken, an ständiges Streben zum Ziel hin, auf Umwegen, über Schlingenlösungen und selbst in Gegenrichtung, an Attribute wie: hinreißend schön, von tief und hintergründig und undurchsichtig bis zu tückisch, boot- und männermordend?

Unsere ausschließlich männlich benannten Schwarzwaldberge (eine Ausnahme ist die Hornisgrinde) zeigen den entsprechenden Kontrast.

Die sprachhistorische Erklärung dieser Erscheinungen liegt wohl darin begründet, dass die Kelten und Germanen als Namensgeber den Wasserläufen weibliche und den Bergen männliche Namen in Entsprechung zu ihrer Götterwelt zuerkannten.

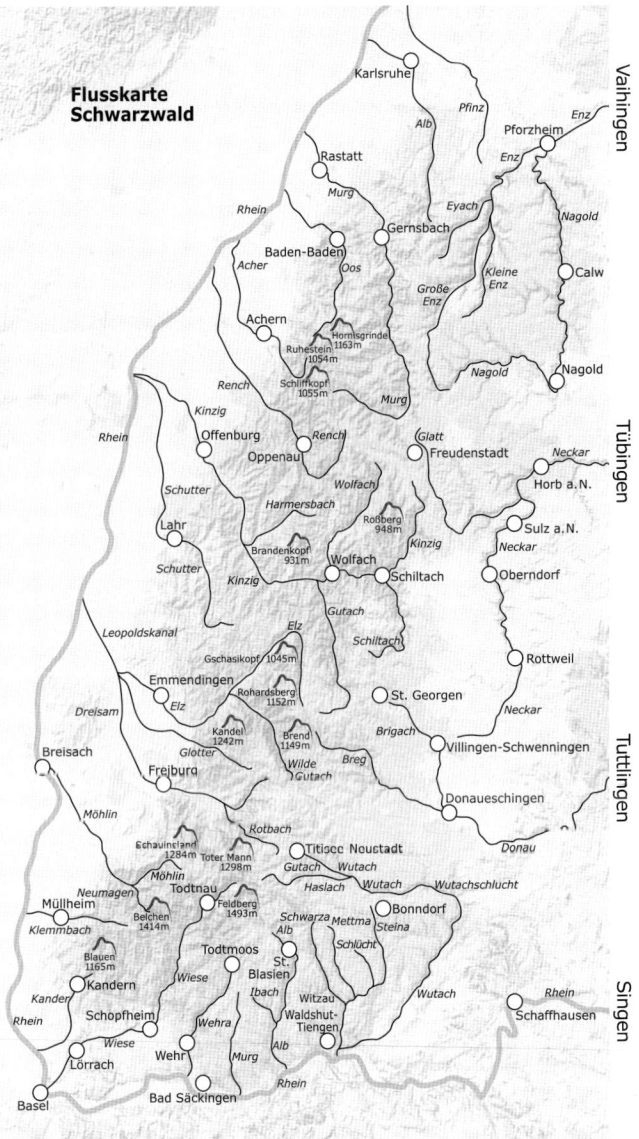

**Flusskarte Schwarzwald**

Vaihingen

Karlsruhe

Pfinz

Alb

Enz

Pforzheim

Enz

Rastatt

Murg

Rhein

Gernsbach

Eyach

Nagold

Baden-Baden

Oos

Acher

Große
Enz

Kleine
Enz

Calw

Achern

Hornisgrinde
1163m

Ruhestein
1054m

Schliffkopf
1055m

Murg

Nagold

Nagold

Rench

Tübingen

Kinzig

Rhein

Offenburg

Rench

Glatt

Freudenstadt

Neckar

Oppenau

Wolfach

Horb a. N.

Schutter

Harmersbach

Roßberg
948m

Sulz a. N.

Lahr

Brandenkopf
931m

Wolfach

Kinzig

Neckar

Schutter

Kinzig

Schiltach

Oberndorf

Gutach

Leopoldskanal

Elz

Schiltach

Rottweil

Gschasikopf 1045m

Emmendingen

Elz

Rohardsberg
1152m

St. Georgen

Dreisam

Kandel
1242m

Brend
1149m

Brigach

Neckar

Glotter

Wilde
Gutach

Breg

Villingen-Schwenningen

Breisach

Freiburg

Donaueschingen

Möhlin

Rotbach

Schauinsland
1284m

Toter Mann 1298m

Titisee Neustadt

Donau

Möhlin

Todtnau

Gutach

Haslach

Wutach

Wutachschlucht

Neumagen

Belchen
1414m

Feldberg
1493m

Schwarza

Mettma

Steina

Müllheim

Klemmbach

Blauen
1165m

Todtmoos

Alb

Schlücht

Bonndorf

Kandern

Wiese

St.
Blasien

Ibach

Witzau

Kander

Schopfheim

Wehra

Waldshut-
Tiengen

Wutach

Rhein

Rhein

Wiese

Murg

Alb

Schaffhausen

Lörrach

Wehr

Singen

Basel

Bad Säckingen

Rhein

Tuttlingen

**Auszug der größten Flusslandschaften im Schwarzwald.**
Bei jedem Fluss wurde das Mündungsgewässer und - soweit bekannt - die
etwaige Länge des Flusses genannt. Wenn Sie Ergänzungen oder Hinweise
haben, gerne nehme ich Ihre Anregungen auf. Senden Sie mir eine M@il.

**Albtal** nördl. Schwarzwald
Die Alb ist ein 52 km langer Fluss im Nordschwarzwald. Sie entspringt 10 km
südlich von Bad Herrenalb am N-Hang des Langmartskopfs in 730 m Höhe
und überwindet bis zum Austritt aus dem Gebirge (29 km) bei Ettlingen einen
Höhenunterschied von 550 m, um 12 km nördlich von Karlsruhe bei Neureut
in den Rhein zu münden.

**Albtal** südl. Schwarzwald
Die Flüsse im Hotzenwald - Wehra, Murg und Alb, Schwarza und Schlücht -
haben etliche tiefe Schluchten ins Gestein gegraben und wildromantische
Felsentäler geschaffen.
Die Alb - zur Unterscheidung von der Ettlinger Alb im Nordschwarzwald auch
Hauensteiner Alb genannt - entsteht aus zwei Querbächen, der Bernauer- und
Menzenschwander Alb. Die Quellen der Bernauer Alb liegen in 1.260 m Höhe
am S-Hang des Herzogenhorns. Die Menzenschwander Alb entspringt am
Seebuck am Feldberg in 1.370 m Höhe. Beide Quellbäche vereinigen sich bei
der Glashofsäge in 795 m Höhe zur (Hauensteiner) Alb.
In einem künstlich verlegten Bett erreicht die Alb unterhalb des Krafthauses
des Rheinkraftwerks Albbruck-Dogem nach 42 km langem Lauf in den
Hochrhein.
Durch dieses Tal führt eine der schönsten und kühnsten Bergstraßen im ganzen
Schwarzwald. Sie wurde zwischen 1855 und 1861 gebaut.
Bald nach dem Ort Albtal (südl. Schwarzwald) verengt sich das Tal schluchtar-
tig. Sie kommen zu der hoch über das Tal gespannten Ibacher Brücke und zu
großartigen Felsengruppen: Rappenfelsen, Großer Felsen, Teufelsküche. Durch
eine wilde Schlucht fahren Sie - vorbei am Ferienort Görwihl mit seinem
Hotzenwald-Museum - nach Tiefenstein, einem kleinen Hotzenwald-Dörfchen
mit den Resten der einstigen Raubritterburg der Herren von Tiefenstein.
Zwischen Tiefenstein und Hohenfels (drei Kilometer nördlich von Albbruck)
geht es dann fast alpin zu; die Straße führt durch zahlreiche Tunnels bis zum
Aussichtspunkt Hohenfels. Hier finden Sie einen Felsenhang, der wegen vieler
wildwachsender Schneeglöckchen unter Naturschutz steht.
Von Hohenfels zieht sich die Straße einen in Serpentinen hinunter nach
Albbruck. Das ist eine altertümlich-behagliche kleine Stadt, die eng mit der
Geschichte der Salpeterer verbunden ist. Hier steht noch ein altes Salpeterer-
Haus. Und gleich nebenan, im Ortsteil Buch, wurde Johann Fridolin Albiez
geboren, der mutige Anführer der Salpeterer.

**Achertal**
Angefangen von der Rheinebene (143 m ü.d.M.) bis zur Schwarzwaldhochstraße
Hornisgrinde 1.164 m erstreckt sich das Achertal.
Vor uns liegt unverkennbar die Silhouette der Hornisgrinde, ein langgestreckter
Bergrücken mit dem Sendeturm. Mit 1.164 m Höhe ist sie der höchste Berg des
Nordschwarzwaldes.

Der Name Hornisgrinde bedeutet „Kiefernbestandene Hochmoorlandschaft" und teilweise führt der Weg auf dem Bergrücken über Holzplanken durch das Moor. An einem Sonnentag die herrliche Aussicht genießen; im Osten die sanften, bewaldeten Schwarzwaldberge, im Westen der Blick ins Rheintal und bis zu den Vogesen.

## Bregtal

Die Breg ist der längste Quellfluss der Donau. Sie entspringt in 1.078 m Höhe im Schwarzwald bei Furtwangen. Nach 49 km fließt sie in Donaueschingen mit der Brigach zusammen und bildet dort den Ursprung der Donau.

Das Einzugsgebiet der Breg beträgt 291,2 km² und ihre Quelle liegt ca. 100 Meter von der Wasserscheide Rhein/Donau (die große europäische Wasserscheide) entfernt. Nur ca. 200 m entfernt entspringt die Elz, die über die Dreisam in den Rhein mündet.

Da die Breg der längste Quellfluss der Donau ist, ist sie geografisch als Donauursprung (Donauquelle) zu betrachten.

## Brigachtal

Die Brigach ist ein Quellfluss der Donau. Sie entspringt in 925 m Höhe im Schwarzwald bei St. Georgen. Nach 43 km fließt sie in Donaueschingen mit der Breg zusammen und bildet dort den Ursprung der Donau.

## Bühlertal

Das dreizehn Kilometer lange Bühlertal, das von der Bühlot durchflossen wird, ist so fruchtbar wie romantisch. Es verläuft von Bühl südöstlich hinauf zur Schwarzwaldhochstraße, ist Landschaftsschutzgebiet und bietet viele schöne Panorama-Rundwege. Der schönste: der Rundweg Büchelbach. Sie sehen viele Obstgärten und Rebenhänge, die sich hinauf zum Waldrand ziehen.

## Dreisamtal

Die Dreisam entsteht bei Kirchzarten durch den Zusammenfluss von Rotbach (Quelle in der Gegend des Feldbergs) und Wagensteigbach, fließt durch Freiburg i. Br. und mündet bei Riegel in die Elz. Direkt unterhalb des Zusammenflusses mit der Elz zweigt der Leopoldskanal ab.

15 Seitentäler gehen vom Dreisamtal ab: Attental, Eschbachtal mit Steurental, Höllental, Ibental, Wagensteigtal, Weilersbachtal, Welschental, St. Wilhelmertal, Wittental, Zastlertal, um nur einige zu nennen.

## Elztal (Hinter- und Oberprechtal)

Der größte SchwarzwaldFluss im Landkreis Emmendingen ist die Elz mit 45 km Länge von der Quelle bis zum Austritt in die Freiburger Bucht.

Oberes und mittleres Elztal. - Die Quelle der Elz liegt am nordöstlichen Hang des Roßecks in einer Höhe von 1.089 m. Der nach Norden gerichtete Oberlauf umfasst zunächst ein im Längsprofil mittelgeneigtes und im Querprofil muldenförmiges Hochtal. Von den Elz-Wasserfällen bis Hinterprechtal hat sich die Elz tief und kerbtalförmig eingeschnitten. Bei Elzach, wo die Kerbtalabschnitte mit Talweitungen abwechseln, tritt die Elz in das Kreisgebiet ein. In Oberprechtal bildet die Elz mit einer 45° Wende nach Südwesten ein auffallendes Flussknie. Der weitere Nordost-Südwest-Verlauf des Elztales bis in die Freiburger Bucht.

## Enztal

Die Enz ist ein 112 Kilometer langer Nebenfluss des Neckars. Die Quellflüsse - 'Kleine Enz' und 'Große Enz' - entspringen im Nordschwarzwald, letztere bei Enzklösterle. In Calmbach (Stadtteil von Bad Wildbad) vereinigen sich die Kleine Enz und die Große Enz zur Enz. Über Neuenbürg erreicht sie Pforzheim, wo sie den Schwarzwald verlässt. Im fruchtbaren Gebiet zwischen Stuttgart, Karlsruhe und dem Kraichgau liegen die Städte Vaihingen und Bietigheim-Bissingen. Am Unterlauf des Flusses wird u.a. auch Wein angebaut. Beim malerischen Besigheim mündet die Enz in den Neckar.

Ebenso wie die Nagold hatte die Enz in früheren Zeiten eine große Bedeutung in der Flößerei.

## Eyachtal

Das Eyachtal befindet sich im Nordschwarzwald, südlich von Neuenbürg bei Pforzheim. Das aus der letzten Eiszeit stammende Hochmoor bei Kaltenbronn ist das Quellgebiet der Eyach, die nach 20 km in die Enz mündet. Das Tal ist von einem eiszeitlichen Gletscher im Buntsandstein geformt worden, wobei im oberen Verlauf das Grundgebirge freigelegt wurde. In den 1980er Jahren erwog die Landesregierung Baden-Württemberg das Tal als Kühlwasserspeicher für das AKW Neckarwestheim zu nutzen. Eine bürgerschaftliche Schutzgemeinschaft konnte die Talsperre verhindern und erreichte 2002 die Unterschutzstellung des Gebietes. Zahlreiche, zum Teil bedrohte Tier- und Pflanzenarten sind im Eyachtal beheimatet. Bis zum Anfang des 20. Jahrhunderts wurde die Talaue beweidet und der Fluss für die Holzflößerei genutzt.

## Glatttal

Das Glatttal - Glatt, linker Nebenfluss des Neckars; mündet bei Dornhan-Glatt in den Neckar - erstreckt sich von Glatten über Glatt bis Neckarhausen. Ideal zum wandern, radfahren, angeln, entspannen und erholen.

## Harmersbachtal

Das Harmersbachtal ist ein Seitental des Kinzigtals. Der Taleinschnitt und die Berge sind hier bereits sanfter als weiter oben im Tal.

## Höllental

Es ist, gut neun Kilometer lang, eines der eindrucksvollsten Täler im Schwarzwald: tief eingeschnitten und von oft 600 Meter steil aufragenden Felshängen eingeschlossen. Die engste Stelle des Tales bildet der Hirschsprung. Oben auf dem Felsen erinnert ein bronzener Hirsch daran, dass sich hier einst ein solches Tier durch einen gewaltigen Sprung über die Schlucht vor seinen Verfolgern rettete.

Bis vor 200 Jahren gab es in der Schlucht, entlang dem Rotbach, nur einen schmalen Maultierpfad. Der wurde dann zu einem Fahrweg ausgebaut. Heute ist die Route durchs Höllental eine wichtige und schnelle West-Ost Verbindungsstraße durch den Südschwarzwald.

Auf dem alten Fahrweg reiste (nebst anderen Mutigen) 1770 die österreichische Kaiserstochter Marie-Antoinette zu ihrem Bräutigam, dem späteren König Ludwig XVI., nach Frankreich. Diese Gegend des Schwarzwalds war damals ja österreichisch, und in Freiburg - glücklich angekommen - servierte man der

Kaisertochter einen Wiener Rostbraten im Schwarzwälder Stil. Das war zeitlebens ihr letztes österreichisches Essen.

Die 1887 eröffnete Höllentalbahn, die weitgehend parallel zur Straße führt und Freiburg mit Donaueschingen verbindet, ist berühmt. Sie muss eine Steigung von 1 : 18 bewältigen, weil sie auf der kurzen Strecke zwischen Himmelreich und Hinterzarten einen Höhenunterschied von 441 Metern zu überwinden hat. Dieses Teilstück gehört zu den interessantesten Bahnstrecken in ganz Deutschland. Neun Tunnels und zahlreiche Viadukte sind dafür nötig. Der Ravenna-Viadukt mit 222 Metern Länge und 42 Metern Höhe ist das eindrucksvollste Bauwerk.

Eine landschaftlich sehr eindrucksvolle Wanderung führt auf dem zehn Kilometer langen Jägerpfad von Hinterzarten durch das Löffel- und Höllental abwärts nach Himmelreich, kurz vor Kirchzarten. Von dort können Sie mit der Höllentalbahn zurück nach Freiburg fahren.

## Kandertal

Das Kandertal mit seinen drei Nebentälern - das sich nördlich anschließende Lippisbachtal, das westlich davon parallel verlaufende Feuerbachtal sowie das bei Wollbach einmündende Wollbachtal.

Durch das Tal fließt die Kander, die am Kanderwasen nordöstlich des Friedrichsheims nördlich von Marzell entspringt, zunächst südwestlich verläuft, sich bei Kandern dann nach S wendet, in einem weiten Bogen das Markgräfler Hügelland durchfließt und nach etwa 28 km bei Märkt in den Oberrhein mündet.

## Kinzigtal

Die Kinzig hat ihren Ursprung in der Nähe von Loßburg b. Freudenstadt und erstreckt sich bis weit hinter Offenburg nach 95 km in den Rhein. Die Kinzigquelle entspringt auf einer sanft nach Südost einfallenden Hochfläche und fließt zunächst durch ein bewaldetes, steiles Kerbtal nach Süden.

Erst nach Schenkenzell, der Talgrund wird hier breiter, wendet sie sich nach Westen und fließt dann ab Haslach, wie alle anderen Täler auch, in nordwestlicher Richtung in die hügelig-wellige Landschaft des westl. Schwarzwaldes hinein. Kinzig abwärts und südlich davon werden diese welligen Formen immer mehr zum landschaftsbeherrschenden Bild und bilden die lößbedeckten Vorberglandschaften. Das vordere Kinzigtal ist weit trompetenartig geöffnet und reicht, ziemlich flach in einer breiten Mulde verlaufend, von Offenburg bis in das mittlere Kinzigtal, nach Haslach.

## Mettma

Die beiden wasserreichsten Nebenflüsse der Schlücht sind Mettma und Schwarza. Die Querbäche der Mettma bilden zunächst den Aubach zwischen Schluchsee und Faulenfürst. Die höchste Quelle ist der Viehbrunnen in 1.030 m Höhe. Im Wiesengrund SW Amselfeld ändert der Aubach seinen Namen in Mettma. Von der Schaffhauser Säge an verläuft die Mettma in einer 11 km langen Talschlucht im Grundgebirge, in der außer Mühlen und Sägen keine Wohnplätze liegen. Zwischen der Buggenrieder und der Lochmühle ist der Fluss an der Wuhrhalde gestaut. Nach 19 km langem Lauf mündet die Mettma in 518 m Höhe in die Schlücht.

**Murgtal** (nördl. Schwarzwald )

Das Murgtal eines der längsten Schwarzwaldtäler. Die Murg entsteht aus 2 Quellbächen, der Rechtmurg und der Rotmurg, die sich in Baiersbronn-Obertal vereinigen. Die Rotmurg entspringt im Kaisersteigle-Kar südl. des Ruhesteinhotels. Die Quelle der Rechten Murg liegt am Osthang des Schurkopfs (Murgbrunnen in 879 m Höhe). Die 78 km lange Murg (ab Baiersbronn) mündet bei Rastatt-Steinmauern in den Oberrhein.

**Murgtal** (südl. Schwarzwald)

Die Murg - zur Unterscheidung von der Murg im Nordschwarzwald auch als Hauensteiner Murg bezeichnet - entspringt bei den Lochhäusern zwischen Wehrhalden und Kleinherrischwand in 970 m Höhe. Nach ihrem Lauf durch vier hintereinanderliegende Talwannen beginnt S-Hottingen die Murgschlucht. Die 8 km lange Schluchtstrecke, mit seinen Wasserfällen und der Burgruine Wieladingen, endet beim Murghammer, wo sie in das Hochrheintal mündet. Nach 30 km langem Lauf mündet die Murg südl. des Dorfs Murg in den Rhein.

**Münstertal**

Das langgestreckte Tal mit der gleichnamigen Gemeinde und den beiden Ortsteilen Unter- und Obermünstertal wird vom Neumagen durchflossen und ist als Luftkurort bekannt.

Der Neumagen ist ein kleiner Mittelgebirgsfluss, der an der Westseite des Schauinslandmassives im südlichen Schwarzwald entspringt. Der Fluss fließt in stark gebogenem Verlauf durch das Münstertal. Auf der Höhe von Grunern tritt der Fluss aus dem Schwarzwald in die Staufener Bucht ein. Der Neumagen mündet südlich von Hausen in die Möhlin.

**Nagoldtal**

Die Nagold ist ein 92 Kilometer langer Fluss in Baden-Württemberg. Sie entspringt im Nordschwarzwald und mündet bei Pforzheim in die Enz.

Ebenso wie die Enz hatte die Nagold in früheren Zeiten eine große Bedeutung in der Flößerei.

**Neckartal Oberes**

Der Name Neckar ist keltischen Ursprungs und bedeutet „wildes Wasser". Er entspringt im Naturschutzgebiet „Schwenninger Moos" bei Villingen-Schwenningen und mündet nach 367 km bei Mannheim in den Rhein. Von Mannheim bis Plochingen ist er schiffbar und ist somit neben dem Rhein und dem Main bei Wertheim die einzige Bundeswasserstraße in Baden-Württemberg. Häfen gibt es in Mannheim, Heilbronn, Stuttgart und Plochingen. Sein Einzugsgebiet umfasst etwa 14.000 km$^2$.

**Oostal**

Das Quellgebiet der Oos befindet sich in der Vorgebirgszone des Schwarzwaldes, unterhalb des fast 700 Meter hoch gelegenen Waldgasthauses Scherrhof. Mehrere kleine, meist namenlose Bäche vereinigen sich in diesem Gebiet zur Oos. Rund 465 Meter Höhenunterschied sind vom Quellgebiet zurückzulegen, bis die Oos vom Sandbach aufgenommen wird. Der Sandbach mündet südlich von Iffezheim in den Rhein.

## Pfinztal

Die Lauflänge der Pfinz beträgt 65 km. Von Durlach an wird heute die Pfinz in mehrfach künstlich verändertem Lauf durch die Oberrheinebene und westlich Rußheim (101 m) in den Saalbachkanal und mit diesem in den Oberrhein geführt.

## Reinerzauer Tal

Das Reinerzauer Tal bei Alpirsbach ist eines der schönsten Schwarzwaldtäler. In Reinerzau befindet sich die Trinkwassertalsperre Kleine Kinzig und der von Felsen umgebene „Silbersee", ein romantischer Badesee.

## Renchtal

Malerisch gibt sich das Renchtal.. Die Rench entspringt in circa 930 m Höhe im Schwarzwald. Hochwässer ereignen sich vor allem nach starken Regenfällen, aber auch nach der Schneeschmelze im Schwarzwald. 33 km langen Oberlauf der Rench im späteren Verlauf vereint sich der Rench-Flutkanal wieder mit der Alten Rench zur sogenannten Rench-Mündung, die in den Rhein mündet.

## Simonswälder Tal (Tal der Wilden Gutach)

Die Wilde Gutach, die durch das Simonswälder Tal fließt, ist mit 21 km Gesamtlänge von Dreistegen bis zur Mündung der wichtigste Zufluss der Elz im Mittleren Talschwarzwald. Nach dem ZusammenFluss der Quellbäche Heubach und Glaserbach bei Dreistegen fließt die Wilde Gutach bis Obersimonswald Richtung NNW, dann erfolgt ein allmählicher Richtungswechsel nach NW, bis sie schließlich mit westwärts gerichtetem Lauf an Bleibach vorbei, bei Gutach in die Elz mündet.

Der obere Talabschnitt der Wilden Gutach ist schluchtartig eng und mit auffallenden Windungen versehen, während die Hochflächen beiderseits des Grabens um 1.000m ü. NN liegen, fließt die Wilde Gutach auf einer Höhe zwischen 710 und 560 Metern. Mit einem Gefälle von 20 % besitzt sie daher eine sehr starke Erosionskraft.

## Steinatal

Die Steina entspringt in 1.070 m Höhe bei Dresselbach und ist 37 km lang. Von der Steinasäge abwärts bis Detzeln durchfließt die Steina eine Schlucht, die nur durch die Talweitung von Untermettingen unterbrochen wird. In ihrem Unterlauf versinkt die Steina im Äule kurz vor ihrer Mündung östl. Tiengen in 327,4 m Höhe in die Wutach.

## Schuttertal

Die Schutter, linker Nebenfluss der Kinzig, 51 km lang, kommt aus dem Schwarzwald, mündet oberhalb Kehl in den Rhein.

## Schwarza- u. Schlüchttal

Das Schwarza- und das Schlüchttal. Die beiden, teilweise tief eingeschnittenen Flüßchen entspringen östlich von St. Blasien und münden (nachdem sie sich nahe dem Weiler Witznau vereinigt haben) bei Waldshut-Tiengen in den Rhein. Nur im Tal der Schlücht finden Sie - ab Rothaus - eine öffentliche Straße. Die allerdings ist sehr schön und auch etwas für Autofahrer, die Kurven lieben.

Die Straße entlang der Schwarza wäre auch nicht hässlich. Nur ist sie weitgehend für den normalen Verkehr gesperrt. Allerdings nicht für Wanderer, die man dort deshalb sehr häufig trifft.

Beide Flüßchen werden kräftig zur Gewinnung von elektrischer Energie herangezogen. Deshalb baute man mehrere Staustufen ein und legte eine Reihe von Seen an: Schwarza-See, Schlücht-See und am Zusammenfluss der beiden Flüsschen den Witznau-Stausee.

**Schwarzatal** - Seit dem Bau der Staumauer beginnt die Schwarza unterhalb der Talsperre und durchfließt dann das Schwarza-Staubecken bei Häusern. Von Schwarzabruck verläuft die Schwarza in einer Schlucht. Nach der Fohrenbachmündung durchfließt die Schwarza ein weiteres Speicherbecken des Schluchseewerks und mündet nach 19 km langem Lauf in 427 m Höhe bei der Witznauer Mühle in die Schlücht.

**Schlüchttal** - Die Schlücht entspringt östl. Rothaus in 980 m Höhe am Glasbühl und durchfließt zunächst den künstlich gestauten Schlüchtsee (Spiegelhöhe 914,0 m) bei Grafenhausen. Unterhalb Riedersteg, nach der Einmündung des Hürrlinger Dorfbachs, beginnt die 9,5 km lange Schluchtstrecke im Grundgebirge, die bis Gutenburg reicht. Nach insgesamt 29 km langem Lauf mündet die Schlücht SW Tiengen in 317 m Höhe in die Wutach.

Das zum Teil schluchtartige Tal mit seinen schroffen Felswänden, den Geröllhalden und den steilen bewaldeten Hängen ist von einer faszinierenden Schönheit. Dies wird man feststellen, wenn man den Witzeichenweg wandert oder auf einem der Gipfel des Falkensteins, des Vesperklotzes oder der mächtigen Tannholzwand sitzt.

### Wehratal

Die Wehra entspringt im Berglewald in 1.100 m Höhe am SW-Hang des Schwarzen Stocks. Bei Todtmoos-Au beginnt die 9,5 km lange Wehraschlucht. Auf dieser Strecke windet sich die Wehra durch ein oft schluchtartig enges Tal mit teils üppigem Pflanzenwuchs, teils aber auch kahl aufragenden Felsen.

Am S-Ausgang der Schluchtstrecke ist die Wehra gestaut (Wehratal-Staubecken). Von Wehr an fließt sie in einem breitsohligen Talabschnitt. Nach 27 km langem Lauf mündet die Wehra bei Brennt nördl. Bad Säckingen in den Rhein.

### Wiesental

Mit 54 km Länge von der Quelle beim Hebelhof am Zeiger (Feldberg) bis zur Mündung in den Oberrhein bei Klein-Hüningen (Schweiz) trifft sie bei Schopfheim auf ihren bedeutendsten und längsten NebenFluss, die Kleine Wiese (Belchenwiese). Diese entspringt am Südhang des Belchens und ist etwa 20 km lang.

Die Wiese ist nach der Kinzig und der Murg (nördl. Schwarzwald) der drittgrößte Fluss im Schwarzwald und größte im Landkreis Lörrach.

### Wolftal

Das Wolftal erstreckt sich von Bad Rippoldsau-Schapbach über Oberwolfach bis Wolfach. Dort mündet die Wolf in die Kinzig. Das Wolftal entspricht dem, was man sich unter einer typischen Schwarzwaldlandschaft vorstellt.

**Wutachtal**

Die Wutach entspringt als Seebach aus dem Feldsee (1.108 m) und mündet zunächst in den Titisee (846 m). Als Gutach verläßt sie den Titisee und ändert bei der Engstelle Kappel-Gutachbrücke erneut ihren Namen in Wutach. Zwischen Unterlauchringen und Tiengen nimmt die Wutach die Steina auf und 1,5 km oberhalb ihrer Mündung noch die Schlücht. In 313 m Höhe erreicht die Wutach nach 63 km langem Lauf NE Waldshut-Koblenz den Hochrhein.

Die Wutach ist eines der längsten und landschaftlich schönsten Wildwasser im südlichen Schwarzwald. Es fällt schwer, ähnlich reizvolle und vielfältige Landschaftsstrukturen zu finden wie die Wutachschlucht, die auch als ein Mekka der Wander- und Naturfreunde gilt.

Der Höhepunkt einer Wanderung durch die Wutachschlucht ist die Durchquerung der Wutachflühen, dem Bereich des durchbrochenen Bergrückens.

Die Nebenflüsse der Wutach haben ebenfalls Anteil an der Bildung der Schlucht. Die Gauchach und die Mauchach sind beeindruckende Gebirgsbäche, ebenso wie der Lotenbach in der gleichnamigen Klamm. An einer Stelle versickert ein Teil des Flusses und tritt weiter unten wieder aus dem Felsen aus. Am Flusslauf befand sich früher ein beliebter Urlaubsort namens Bad Boll, der heute verlassen ist.

**Würmtal** bei Pforzheim

Die Würm entspringt im Rande des Naturparks Schönbuch. Von der Quelle am Schönbuch (ca. 490 m) und der Mündung in die Nagold bei Pforzheim (252 m) beträgt der Höhenunterschied immerhin 240 m.

Zwei, etwa 2 km voneinander liegenden Quellen sprudeln aus dem Urgrund dieses ausgedehnten Waldgebietes zwischen Böblingen und Tübingen. Die beiden anfangs recht bescheidenden Rinnsale, vereinen sich unterhalb von Altdorf im Oberen Gäu und bilden fortan die Würm. Sie mündet bei Pforzheim in die Nagold, welche sich kurz danach in die Enz ergießt.

# Der Rhein

| | | |
|---|---|---|
| 1. Alpenrhein von der Quelle bis zum Bodensee | 164 km |
| 2. Bodensee | 76 km |
| 3. Hochrhein vom Bodensee bis Basel | 141 km |
| 4. Oberrhein von Basel bis Bingen | 362 km |
| 5. Mittelrhein von Bingen bis Bonn | 124 km |
| 6. Niederrhein von Bonn bis zur Mündung | 369 km |
| | |
| **Gesamtlänge des Rheins** | **1.236 km** |

# Die höchsten Berge im Schwarzwald

## NORDSCHWARZWALD

| Höhe | Name | Lage |
| --- | --- | --- |
| 1163 m | Hornisgrinde | bei Seebach / Mummelsee |
| 1082 m | Altsteigerskopf | 4 km südöstlich der Hornisgrinde |
| 1080 m | Hundsrücken | nordöstlich der Hornisgrinde |
| 1056 m | Schliffkopf | an der Schwarzwaldhochstraße |
| 1055 m | Hoher Ochsenkopf | 6,5 km nordwestlich der Hornisgrinde |
| 1054 m | Vogelskopf | 5 km südlich der Hornisgrinde |
| 1013 m | Pfälzerkopf | 6 km südöstlich der Hornisgrinde |
| 984 m | Hohloh | bei Gernsbach-Kaltenbronn |
| 947 m | Großer Hundskopf | zwischen Bad Peterstal und Bad Rippoldsau |
| 938 m | Großhahnberg | bei Baiersbronn - Schönmünzach |
| 936 m | Sperberhart | am Kniebis |
| 908 m | Teufelsmühle | bei Gernsbach - Loffenau |
| 884 m | Hahnenkopf | zwischen Oberharmersbach und Schapach |
| 872 m | Braunberg | zwischen Oppenau und Bad Peterstal |
| 869 m | Ruberg | bei Forbach - Bermersbach |
| 866 m | Röderkopf | bei Baiersbronn - Schönegründ |
| 850 m | Hirschkopf | bei Enzklösterle |
| 743 m | Rennberg | zwischen Bad Herrenalb und Gaggenau |

## MITTLERER-SCHWARZWALD

| Höhe | Name | Lage |
| --- | --- | --- |
| 1152 m | Rohrhardsberg | 4 km westlich von Schonach |
| 1148 m | Brend | 5 km nordwestlich von Furtwangen |
| 1134 m | Braunhörnle | bei Elzach |
| 1047 m | Geißberg | 3 km nordöstlich vom Rohrhardsberg |
| 1045 m | Gschasischopf | 6 km nördlich vom Rohrhardsberg |
| 969 m | Hauenstein | bei Hornberg |
| 966 m | Hochwälder Höhe | bei Triberg - Nussbach |
| 948 m | Roßberg | bei Oberwolfach |
| 947 m | Hundskopf | zwischen Zell a. Harmersbach und Wolfach |
| 934 m | Kolbenkopf | bei Schonach |
| 932 m | Brandenkopf | zwischen Zell a.H. und Hausach |
| 926 m | Windkapf | bei St. Georgen |
| 888 m | Reiherskopf | zwischen Zell a.H. und Wolfach |
| 879 m | Mooskopf | zwischen Hornberg und Schramberg |
| 798 m | Farrenkopf | bei Gutach |

# Die höchsten Berge im Schwarzwald

## SÜDSCHWARZWALD

| Höhe | Name | Lage |
|---|---|---|
| 1493 m | Feldberg | zwischen Titisee und Todtnau |
| 1415 m | Herzogenhorn | südlich vom Feldberg |
| 1414 m | Belchen | 6,5 km nordwestlich von Schönau |
| 1386 m | Stübenwasen | zwischen Feldberg und Notschrei |
| 1377 m | Grafenmatte | zwischen Feldberg und Herzogenhorn |
| 1318 m | Bärhalde | zwischen Neuglashütten und Menzenschwand |
| 1308 m | Hochkopf | bei Kirchzarten |
| 1298 m | Toter Mann | zwischen Feldberg und Oberried |
| 1295 m | Schnepfhalde | zwischen Schluchsee und Menzenschwand |
| 1293 m | Habsberg | westlich vom Schluchsee |
| 1284 m | Schauinsland | zwischen Freiburg und Todtnau |
| 1278 m | Wiesenwaldkopf | zwischen Feldberg und Hinterzarten |
| 1274 m | Hubsberg | bei Schluchsee |
| 1241 m | Kandel | zwischen Waldkirch und St. Peter |
| 1224 m | Köhlgarten | zwischen Belchen und Blauen |
| 1210 m | Bankgallihöhe | zwischen Hinterzarten und Oberried |
| 1208 m | Bötzberg | zwischen Schluchsee und St. Blasien |
| 1198 m | Hinterwaldkopf | zwischen Oberried und Hinterzarten |
| 1187 m | Hörnle | bei Todtnau |
| 1170 m | Rohrenkopf | nördlich von Gersbach |
| 1165 m | Blauen | südöstlich von Badenweiler |
| 1158 m | Hasenhorn | 1 km südöstlich von Todtnau |
| 1156 m | Rotheck | 1km nordwestlich vom Hinterwaldkopf |
| 1125 m | Rossberg | 500 m nördlich von Breitnau |
| 1120 m | Hohwart | 2,5 km nordwestlich von Breitnau |
| 1119 m | Notschrei | Berg-Pass zwischen Oberried und Todtnau |
| 1041 m | Otten | zwischen Buchenbach und Breitnau |
| 1038 m | Höchenschwand | bei Höchenschwand |
| 1034 m | Thurner | zwischen St. Märgen und Neustadt |
| 929 m | Weiherkopf | bei Münstertal |
| 535 m | Hohe Flum | bei Schopheim |

# Internet

Bei einem Ortsverweis (z.B. www.neuenweg.de) klicken Sie weiter auf
Gasthäuser, Touristik oder Übernachtung, um zur entsprechenden Homepage
zu gelangen.

| lfd. Nr. | Bergvesperstube | INTERNET |
|---|---|---|
| 14 | Alte Tränke | www.alte-traenke.de |
| 83 | Auerhahn | www.auerhahn-rollsbach.de |
| 43 | Benzenhof | www.benzenhof.de |
| 34 | Bergbauernhof | www.bergbauernhof-lehmann.de |
| 67 | Berghäusle | schw.verein-freiburg.de |
| 54 | Bergwaldhof | www.bergwaldhof-schonach.com |
| 32 | Biereck-Rössle | www.gasthof-roessle-biereck.de |
| 20 | Brandeck-Lindle | www.brandeck-lindle.de |
| 39 | Brandenkopf | www.brandenkopf-berggaststaette.de |
| 17 | Braunbergstüble | www.braunbergstueble |
| 16 | Breitenberg Zum | www.zumbreitenberg.de |
| 51 | Deutschen Jäger Zum | www.windkapf.de |
| 38 | Durben Vesperstube | www.bergwirtschaft-durben.weblico.de |
| 89 | Eichrüttehof | www.eichruettehof.de |
| 69 | Erlenbacher Hütte | www.erlenbacher-huette.de |
| 81 | Fischerhütte | www.fischerhuette-nonnenmattweiher.de |
| 85 | Gisiboden | www.gisiboden.de |
| 3 | Grünhütte | www.gruenhuette.de |
| 9 | Hagenbergstübel | www.hagenbergstuebel.de |
| 36 | Harkhof | www.harkhof.de |
| 59 | Harzhäusle | www.vesperstueble-harzhaeusle.de |
| 15 | Herbstwasen | www.herbstwasen.de |
| 47 | Hinterholz Stube | www.hinterholzstube.de |
| 82 | Hirtenbrunnen | www.hirtenbrunnen.de |
| 68 | Hochfirst | www.berggasthaushochfirst.de |
| 66 | Höfener Hütte | www.hoefener-huette.de |
| 19 | Hummelswälder Hof | www.hummelswaelder-hof.de |
| 90 | Jägerstüble | www.herrischried.de |
| 35 | Jägerstüble-Oberh.bach | www.jaegerstueble-oberharmersbach.de |
| 80 | Kälbelescheuer | www.kaelbelescheuer.de |
| 41 | Käppelehof | www.kaeppelehof-hausach.de |
| 84 | Knöpflesbrunnen | www.knoepflesbrunnen.de |
| 5 | Kohlbergwiese | www.btwg.de |
| 37 | Langenberg | www.vesperstube-langenberg.de |
| 27 | Lenzlisberg | www.terienhof-lenzlisberg.de |
| 29 | Lieberatsberg Stube | www.lieberatsbergstube.de |
| 71 | Linde Zur (Napf) | www.linde-napf.de |
| 57 | Martinskapelle | www.martinskapelle.de |
| 21 | Martinsteinhiesli | www.martinsteinhiesli.de |
| 76 | Menzenschwander Hütte | www.menzenschwanderhuette.de |
| 24 | Müller's Mühle | www.vesper-muehle.de |
| 6 | Ochsenstall | www.wanderheim-ochsenstall.de |
| 30 | Pflingsthof | www.pflingsthof.de |
| 63 | Plattenhof | www.plattenhof-ferienwohnung.de |
| 1 | Plotzsägmühle | www.plotzsaegmuehl.de |
| 86 | Präger Böden | www.praegerboeden.de |

# Internet

| lfd. Nr. | Bergvesperstube | INTERNET |
|---|---|---|
| 75 | Raimartihof | www.raimartihof.de |
| 55 | Reinertonishof | www.reinertonishof.de |
| 25 | Reiterhofstube Schwarz | www.reiterhof-schwarz.de |
| 4 | Scherrhof | www.waldgaststaette-scherrhof.de |
| 42 | Schmalzerhisli | www.hotel-hirschen-oberwolfach.de |
| 45 | Schwenkenhof | www.schwenkenhof.de |
| 11 | Seidtenhof | www.seidtenhof.de |
| 53 | Silberberg | www.fischer-silberberg.de |
| 49 | Sommerecke NFH | www.naturfreunde-schramberg.de |
| 74 | St. Wilhelmer Hütte | www.sankt-wilhelmerhuette.de |
| 52 | Staude Zur | www.gasthaus-staude.de |
| 70 | Stollenbacher Hütte | www.stollenbacher-huette.de |
| 72 | Stübenwasen | www.berggasthof-stuebenwasen.de |
| 65 | Wald-Café Faller | www.dreisamtal.de |
| 13 | Waldcafé im Teuchelwald | www.waldcafe-teuchelwald.de |
| 58 | Waldhäusle | www.waldhäusle.de |
| 40 | Waldsteinschänke | www.waldsteinschenke.de |
| 64 | Wuspenhof | www.wuspenhof.de |
| 23 | Zapf's Vesperhäusle | www.ferienhof-zapf.de |
| 73 | Zastler Hütte | www.zastler-hütte.de |
| 10 | Zinsbachstube | www.zinsbachstube.de |

St. Roman im Kinzigtal

# Eigene Notizen

# Eigene Notizen

# Verlagsverzeichnis

168 Seiten s/w - 18 Skizzen
€ 14,95 / CHF 26,00
ISBN 978-3-934793-13-5
9. Auflage 2013

Das Taschenbuch enthält erstmals ein Gesamtverzeichnis aller 109 Straußwirtschaften / Gutsschänken am Oberrhein, zwischen Karlsruhe und Basel.

Sie finden Informationen über Öffnungszeiten, Ruhetage und Spezialitäten. Straßenskizzen und Beschreibungen der Zufahrtsmöglichkeiten ergänzen den Inhalt des Buches.

# In der gleichen Reihe erschienen

168 Seiten s/w - 18 Skizzen
€ 14,95 / CHF 26,00
ISBN 978-3-934793-15-6
1. Auflage 2011

168 Seiten s/w - 17 Skizzen
€ 14,95 / CHF 26,00
ISBN 978-3-934793-16-3
3. Auflage 2013

Das Taschenbuch beschreibt 106 ausgewählte Gasthäuser zwischen Karlsruhe und Lörrach, die einen Besuch wert sind. Sie erhalten Informationen über Öffnungszeiten, Übernachtungsmöglichkeiten und Spezialitäten. Zufahrtsbeschreibungen und Straßenskizzen komplettieren das Buch

110 Waldgasthäuser & Vesperhütten im Naturpark Pfälzerwald laden zu einer Rast ein. Ein nützlicher Führer für alle Besucher des Pfälzerwaldes, versehen mit Informationen über Öffnungszeiten, Ruhetage, Spezialitäten und Straßenskizzen.

# In der gleichen Reihe erschienen

168 Seiten s/w · 13 Skizzen
€ 14,95 / CHF 26,00
ISBN 978-3-934793-17-0
3. Auflage 2013, deutsch - französisch

168 Seiten s/w - 16 Skizzen
€ 19,95 / CHF 28,00
ISBN 978-3-934793-18-7
5. Auflage 2013, deutsch - französisch

Ausgewählte 87 Bergwirtschaften, soge-
nannte „Fermes Auberges" finden Sie in
diesem Taschenbuch. Informationen über
Öffnungszeiten, Übernachtungsmöglichkeiten, Spezialitäten und Zufahrtswege
sowie Tourenvorschläge und Beschreibungen von Sehenswürdigkeiten komplettieren das Buch.

93 ausgewählte Bergwirtschaften, soge-
nannte „Métairies", finden Sie in diesem
Taschenbuch - versehen mit Informationen
über Öffnungszeiten, Übernachtungsmöglichkeiten, Spezialitäten und Zufahrtswege. Ein nützlicher Führer für alle, die
die Region der Nordwestschweiz einmal
auf andere Art kennenlernen möchten.